신양반사회

586,
그들이 말하는
정의란 무엇인가
신양반사회

김은희 지음

생각의힘

차례

들어가며 신양반사회의 도래   8

1장 양반은 누구인가?

거꾸로 읽는 교과서 한국사   17

조선 후기 상품화폐경제의 발달?   18

직조와 염색기술의 쇠퇴   21

조선 후기에 양반은 격증했는가?   22

'양반'은 문화적 개념이다   26

유교적 통치 이데올로기   27

'아무개 자손': 도덕성의 세습   33

양반답게 살기   36

친일청산: 역사바로세우기   40

유교적 역사관   42

홍범도와 봉오동 전투   47

예우법과 평등주의   53

'독립운동 정신': 북한과의 비교   57

맺는말   63

양반과 부의 축적   68

토마스 홉스의 '자연'과 유교적 경제관   68

'아무개 자손'과 중국의 '입향조'   72

일하지 않는 양반   74

농업경영인으로서의 조선 전기 양반   81

유교적 평등경제와 '한정된 재화의 이미지'   85

양반사회와 전문가   93

입향조 박정희   102

박정희의 "잘살아보세"와 김구의 "문화의 힘"   103

'주식회사 한국'의 창업주   106

'일하는 정부': 관료조직을 움직인 박정희   109

문화적 갈등   112

농촌 여성의 역사 인식과 새마을 운동   118

2장 우리에게 조상은 무엇인가?

'혈연'은 보편적으로 존재하는가?   127

양반사회의 정치와 친족   127

'혈연'은 문화적 관념체   129

한국에만 존재하는 '본관'   133

본관의 의미   133

조상 찾기 운동   136

조상은 공적인 존재   138

민족주의적 역사관   140

종법제   143

중국 고대의 종법제   143

조선의 종법제   147

개인주의에서 집단주의로: 가족문화의 변화   150

공적 영역으로서의 가족: 입신양명   153

여성과 서얼의 차별   155

부계종족 '파'의 형성   159

수신제가치국평천하   161

수양대군을 변호하며   166

대통령과 가족   172

3장 여론정치와 시민단체

'위원회'와 시민단체   183

조선의 '위원회 통치'   189

지방유림의 공론정치   198
유림의 향권 장악   199
준관직자로서의 지방유림   201
지방 리더십의 부재   204
조상 만들기와 초종족적 연망사회   207
무엇이 민주주의인가?   215

더 읽기 **신양반사회의 상상력**
— 영화 〈기생충〉   224
— 드라마 〈오징어 게임〉   231

미주   254

신양반사회의 도래

"회계상의 문제는 투명하게 할 필요가 있는데 위안부 문제를 가지고 싸워왔던 한 시민운동가의 삶에 대한 최소한의 예의가 있어야 한다."(송영길 더불어민주당 대표의 라디오 방송 발언에서)

"친일 · 반인권 · 반평화 세력이 역사의 진실을 바로 세우려는 운동을 폄하하려는 부당한 공세에 불과하다."(더불어민주당 의원들이 발표한 성명서에서)

문재인 정부 후반기에 한국 사회를 들썩였던 '조국 사태'와 '윤미향 사태'에서 내가 가장 주목한 것은 조국 전 법무부 장관과 당시 윤미향 더불어민주당 당선자를 옹호하는 사람들의 논리다. 그들의 논리는 조선시대 양반사회를 떠받치던 성리학적 인식체계와 너무나 닮아 있다. 단지 양반, 군자, 소인 등의 용어를 쓰지 않을 뿐이다.

양반사회가 군자와 소인, 존귀한 자와 천한 자를 구분했듯이 조국과 윤미향의 지지자들은 현 한국 사회의 구성원을 크게 두 가지 부류로 나눈다. 한쪽에는 '양반', 즉 '사회정의'를 위해 자신의 이익을 희생하며 살아온 사회운동가들이 있다. 민주화 운동에 헌신한 사람들, 그리고 이후 사회운동에 뛰어든 사람들이 이 부류에 속한다. 다른 한쪽에는 '소인', 즉 자신의 이익을 좇는 사람들이 있다. 운동권에 속하지 않은 사람들이며, '기득권'과 '적폐 세력'을 모두 포함한다. 이들은 운동가들에게 빚을 졌으며 고로 부채의식을 가져야 한다고 지지자들은 말한다.

조국과 윤미향의 지지자들이 말하는 '정의'는 근대 시민사회의 정의와 다르다. 근대 시민사회에서 정의는 법을 지키고 공정하게 집행하는 것을 뜻한다. 다른 사람에게 해를 끼친 자가 법의 심판을 받게 하는 것이 정의를 실현하는 일이다. 예컨대 살인자가 법에 따라 합당하게 처벌받을 때 미국인들은 "정의가 실현되었다Justice is done"고 말한다. 법무부는 영어로 "Ministry of Justice"라고 한다. 즉, 법치가 이루어지는 사회가 곧 정의로운 사회인 것이다.

반면에 운동가들이 추구하는 '정의'는 법 위에 존재하는 윤리 규범인 유교의 '의'에 가깝다. 유교에서 의는 인간이 추구해야 할 도덕적인 규범으로, 사리사욕의 추구와 대립된다. 유교적 인간관은 사람을 의를 추구하는 군자와 사적인 이익을 좇는 소인으로 구분한다. 조선 후기 양반은 바로 군자와 그의 자손들을 일컫었다. 양반사회가 지향했던 덕치는 의를 추구하는 군자가 자신의 이익을 좇아 살아가는 소인을 교화를 통해 지배하는 것을 말한다. 유교 이념은 인간 내면의 도덕성에 근거한 '의로움'이 법과 제도를 규제할 수 있어야 한다고 보았기 때문에, 덕과 예로써 다스리는 덕치를 법령과 형벌로 다스리는 법치보다 중시하였다.

조국과 윤미향의 지지자들이 불법으로 판결이 난 행위를 두고 대수롭지 않게 생각하는 것은, 이러한 유교적 정의론에 기반하고 있기 때문이다. 시민사회에서 회계부정은 사회적 신뢰를 파괴하는 심각한 범법행위인데도 윤미향의 지지자들은 정의기억연대(이하 정의연)의 불투명한 회계를 사소한 문제라고 치부했다. 그리고 당당하게 윤미향이 일제에 희생당한 위안부 피해자들을 위해 지난 30년간 누구보다도 헌신적으로 일했던 시민운동가이며 '세계적 인권평화운동가'라고 주장했다. '대의'를 위해 일해온 훌륭한 사회운동가에게 회계기록을 잘못했다고 법률적 잣대를 들이대는 것은 '세계사적 인권운동을 훼손'하는 것이다. 그들에게 정의는 법 위에 존재하는 도덕적 심성의 문제다.

조국 일가의 각종 비리 의혹에 대한 지지자들의 입장도 비슷했다. 조국과 그의 가족이 대학입시, 사모펀드, 사학재단 운영 등과 관련하여 온갖 불법행위에 연루되어 있었다는 것이 법정에서 드러났는데도, 조국이 노동운동과 약자의 인권을 위해 '의롭게' 살아왔다며 그의 도덕적 우월성을 의심하지 않았다. 오히려 '적폐 청산', '검찰 개혁'과 같이 사회의 '거악'을 일소하는 데 조국이 적임자라고 강변했다. 그가 실제로 어떤 불법을 저질렀는지 조사하고 사실을 밝히는 것은 그들에게 중요하지 않았다. 중요한 것은 그가 지금껏 '정의롭게' 살아왔다는 내력과 평판이었다. 그의 지지자들은 검찰의 수사 결과를 기다리기보다 '조국 수호' 촛불시위를 통해 더 많은 지지자들을 동원하여 세를 과시하고자 했다.

조국과 윤미향을 지지하는 이들이 역사에 대해 갖는 인식 역시 유교적이다. 유교에서 역사는 객관적 사실을 기록하고 분석하기보다는 인물과 행위에 대해 시시비비를 가리는 도덕적 평가에 중점을 둔다. 역사를 서술하는 목적이 윤리의 실현에 있기 때문이다. 공자는 『춘추』를 편찬하며 난신적자亂臣賊子(나라를 어지럽히는 신하와 부모를 해치는 자)의 악행을 사서史書에 기록으로 남기는 것은 붓으로 악인을 죽이는 일이라고 하였다. 윤미향과 정의연의 운동가들은 위안부 피해자들의 다양한 기억 중에서 자신들의 도덕적 기준에 맞는 것만을 '역사의 진실'로 인정하고, 일본의 '만행'을 국내는 물론 전 세계에 선전하는 '역사바로세우기'를 하였다. 당연히 위안부 피해자들의 삶은 이미 정해진 선악의 틀에 맞추어 해석되고 피해자들 개인의 목소리는 운동가들의 거룩한 목적을 위해 변조된다. 그러나 일부 위안부 피해자들은 지난 30년 동안 '평화' 운동, '인권' 운동이라는 대의명분을 위해 자신들이 '앵벌이'로 시위와 모금활동에 동원된 것에 분노한다.

나아가 이들은 평생 '의롭게' 살아온 운동가들이 특별한 대접을 받아야 한다고 생각한다. 대의를 위해 살아온 사람들을 조그만 잘못이 있다고 해서 함부로 대해선 안 된다. 또한 조선시대 군자의 자손들이 양반으로 대접을 받았듯이, 운동가의 자손들도 자자손손 예우를 받아야 한다고 생각한다. 위안부 피해자를 위해 모은 후원금이나 기부금으로 정의연과 다른 시민단체 활동가의 자식에게 장학금을 지급하는 것은 사회정의를 위해 애쓰는 운동가에 대한 정당한 보상이다.

조국과 윤미향을 지지하는 사람들의 이러한 사고패턴은, 놀랍게도 현 정권을 지지하는 이들이 다른 비슷한 사건들에 대해 갖는 태도와도 일치한다. 박원순 전 서울시장의 죽음을 애도하는 방식, 윤석열 전 검찰총장을 내몰았던 검찰 개혁과 적폐 청산, 한명숙 전 총리의 자서전 발간, 조국의 회고록 발간, 민주유공자예우법 발의 등에서 확인할 수 있다. 지지자들은 한결같이 법의 원칙과 절차, 그리고 과학적 혹은 합리적으로 도출된 사실들을 멀리하였다. 대신 문제의 인물들이 살아온 내력과 평판을 내세우며 그들의 도덕적 우월성과 '역사적 진실'을 강조했다. 불법 정치자금 수수에 관해 대법원에서 유죄 확정판결을 받은 한명숙 전 총리의 자서전 제목은 『한명숙의 진실』이다.

결론적으로 말하면 운동가들이 그렇게도 실현시키고자 하는 '정의로운' 사회는 도덕적으로 우월한 사람들에 의한 통치, 즉 덕치를 지향하는 양반사회이지 법치에 기반한 근대적 자유민주주의 사회는 아니다. 그들이 양보할 수 없고 타협할 수 없는 최후의 보루는 자신들의 도덕적 우월성이다.

그러나 근대 시민사회는 도덕적으로 평등하다. 그 어느 집단도 다른 집단에 비하여 도덕적으로 우월하다고 상정하지 않는다. 국가의 리더를 선출하는 선거에서 누구나 똑같이 한 표의 투표권을 행사한다. 모든 시민이 법 앞에 평등하기 때문이다.

덕치가 이루어지는 도덕사회는 사상의 자유와 이로 인한 다양한 사유의 공존을 허용하지 않는다. 도덕성에 대해 판단하는 것은 개인의 가치관의 영역이다. 반일 민족주의가 사회정의라고 생각하는 사람들이 있는가 하면, 그것에 반대하는 시민운동이 있다. 두 집단 중 어느 집단이 도덕적으로 우월한지 측정할 방법은 없다. 단지 생각의 차이일 뿐이다. 그리고 이렇게 다른 사고체계의 공존이 근대 시민사회의 특징이다. 조국·윤미향 사태는 종국적으로는 한국 사회가 정치와 도덕이 분리되지 않았던 양반사회로 회귀하느냐, 아니면 모든 시민이 도덕적으로 평등한 다원적 시민사회로 전진하느냐 하는 선택의 과제를 우리에게 던져주었다고 할 수 있다.

1장

양반은 누구인가?

거꾸로 읽는 교과서 한국사

'신양반사회'가 어떤 사회인지 이해하기 위해서는 우선 조선시대 '양반' 계층이 어떤 사람들을 지칭하는지 알아야 한다. 그리고 이를 위해 우리 사회에 널리 퍼진 주류 역사 담론, 특히 조선 후기 양반제가 붕괴했다는 한국사 연구자들의 주장을 비판적으로 살펴보는 것이 필요하다.

지난 몇십 년 동안 대중적인 역사 담론에서 논쟁거리가 되었던 핵심 이슈들은 주로 일제시대와 해방 이후의 근세사를 다루고 있다. 일제시대에 수탈당했는가 혹은 근대화가 시작되었는가? '건국일'은 언제인가? 박정희는 영웅인가 혹은 역사의 죄인인가? 지난 1백여 년 동안의 역사적 사건들과 인물들을 어떻게 보는가에 따라 정파가 갈라지고 정쟁이 불붙었으며 현재도 그렇다.

그리고 이 역사 전쟁에서 조선시대에 관한 서사는 거의 쟁점이 되지 못했다. 그러나 내가 보기에 가장 심한 역사 왜곡은 조선시대에 관한 서술에서 일어나고 있다. 국사학계, 특히 조선경제사와 사회사 분야에서는 주류 해석에 관해 날선 비판과 반박이 있었음에도 이런 논쟁이 교과서와 대중적인 역사 담론에서 거의 언급되고 있지 않기 때문이다. 예컨대 신분제에 관한 서술에 있어서 대부분의 고등학교 교과서나 일반 교양인을 위한 역사서는 천편일률적이다. 조선 후기에 들어와 상품화폐경제가 발달하고 심지어 상업도시가 성장하였으며, 이로 인해 양반을 지배계층으로 한 신분질서가 와해되었다고 기술하고 있다.

조선 후기 상품화폐경제의 발달?

그러나 조선시대 가족과 친족문화에 관한 역사적 그리고 인류학적 연구들은 정반대의 사실을 드러낸다. 즉 양반제는 조선 후기에 붕괴되기는커녕 더욱 강화되었다. 양반들은 향권을 장악하였고 그들의 권력은 때로는 왕권을 능가할 정도였다. 지배계층이었던 그들의 유교적 삶의 양식은 보편적 가치를 띠고 일반 상민 계층에도 뿌리를 내리기 시작했고, 일상적 관습과 풍속의 유교화는 조선 후기에 본격적으로 진행되었다.

또한 양반제가 붕괴되었다는 서술의 기본 전제가 되는 한국경제사의 주류 이론, 즉 조선 후기에 상품화폐경제가 발달하여 자본주의의 싹이 자라기 시작했다는 소위 '자본주의 맹아론' 혹은 '내재적 발전론' 역시 동북아시아에서 가장 후진적이었던 조선 후기의 상공업수준을 왜곡·과장하고 있다.

조선 후기를 양반제가 동요하고 해체되어간 시기로 보는 주류 역사해석은 산업화되고 '민주화'된 현대 한국 사회에서 아직도 살아 숨 쉬고 끊임없이 재생산되는 양반 문화를 인지하지 못하게 한다. 그리하여 조선은 18세기 이후에 이미 평등을 지향하는 근대사회로 이행하기 시작했고, 작금의 한국 사회가 서구화되고 민주화된 '시민사회'라고 착각하게 만든다. 이를테면 현대 한국 사회의 '시민단체'가 마치 서구 시민사회에서 볼 수 있는 NGO처럼 중앙의 정치권력으로부터 독립된 시민들이 자율적으로 조직한 단체라고 생각하게 하는 것이다.

조선 후기 향촌사회를 지배했던 양반 계층이 누구인가를 이해하기 위해서는 우선 당시에 양반제가 붕괴할 정도로 상공업이 발달하지 않았다는 사실을 주지해야 한다. 즉, 조선은 망할 때까지 고도의 정착성을 특징으로 하는 농민사회였다. 한일병합 당시 일제의 통계 자료에 따르면 1908년 광공업에 종사한 호(가구)는 0.9%에 불과했으며 상업에 종사하는 호는 6.1% 정도밖에 안 되었다.[1] 국사 교과서에 나오는 조선 후기 상공업과 상품화폐경제의 발달과는 거리가 멀다.

상식적으로 생각해볼 때, 무엇보다 조선 후기에 상업도시가 성장하고 상품화폐경제가 발달했었다면 이를 보여주는 물적 증거가 있어야 한다. 이를테면 대규모 물자 유통을 위한 도로와 교량과 같은 인프라가 없이 상공업이 발전하기는 어렵다. 그런데 19세기 말이나 20세기 초 조선을 찾은 외국의 여행가들은 당시 우리나라엔 겨우 한 사람 정도 걸어갈 수 있는 길밖에 없었다고 공통으로 언급하였다. 이는 수레처럼 바퀴가 달린 운송수단이 거의 사용되지 않았음을 뜻한다.

덕치를 내세웠던 조선왕조는 500년 내내 도로를 건설하고 관리하는 토목공사에 관심이 없었다. 조선 후기 청나라의 상공업 발전에 자극받은 실학자들이 상공업을 진흥시키기 위해서 도로와 교량을 건설하고 수레를 사용할 것을 제안했던 것을 보면, 당시 수레가 생산 물자의 운송수단으로 거의 사용되지 않았음을 알 수 있다. 또한 농산물이나 기타 상품을 유통시키고 보관하는 데 쓰이는 거대한 창고의 흔적도 없다. 상업도시가 발달했다는데 서울조차도 상하수도 시설이 제대로 되어 있지 않아 길거리는 오물로 가득 찼고 악취가 코를 찔렀으며 지하수가 오염되어 깨끗한 우물물을 마시기 힘들었다고, 구한말 우리나라를 방문했던 외국 여행가들은 한결같이 지적했다. 이렇듯 도로도 없었고 수레와 같은 운송수단도 사용되지 않았으며 기본적인 상하수도 시설도 미비했는데 상품화폐경제가 발달했던 사회라고 할 수 있을까?

직조와 염색기술의 쇠퇴

나는 오히려 조선 전기보다 후기에 상공업이 침체되지 않았을까 생각한다. 서구의 산업혁명을 선도한 직물산업의 경우, 직조와 염색기술은 조선 후기에 들어와 확실히 퇴보하였다.[2] 한국의 복식사 연구에 따르면 조선시대에 직조와 염색 기술자들은 정부기관(상의원)에 소속되어 왕실과 양반 계층의 수요를 담당하였다. 조선 전기의 국왕들은 직조와 염색기술에 많은 관심이 있었다. 우리가 왕위를 찬탈했다고 부정적으로 평가하는 세조와 '폭군' 연산군은 장인들의 기술 향상을 위해 그들을 중국에 보내 선진 기술을 배워오게끔 하였다. 조선 전기 염색기술이 높은 수준이었음은 임진왜란 때 일본으로 잡혀간 직조와 염색 장인들이 일본에 화려한 염색기법을 전수해준 역사적 사실에서도 유추할 수 있다.

그러나 임진왜란 이후 사림파가 득세하면서 왕들은 사치를 지속적으로 금지하고 고급직물의 생산과 유통 그리고 소비를 극도로 억제하였다. 현종(1659~1674)은 고급비단인 금錦을 제직하지 못하게 하였으며 영조는 아예 고급견직물을 직조하는 사직기를 철거하도록 하였다. 그 결과 숙련된 기술자들은 정부기관에서 퇴출되었고 직조와 염색업은 민간의 가내 수공업에 의해 그 명맥이 유지되었다. 이 과정에서 고도의 숙련된 기술이 필요한 고급염직물의 생산은 감소하거나 중단되는 방향으로 변하였다.

직물산업과 염색기술이 조선 후기에 퇴보했던 것은 단지 예외적인 경우일까? 조선 후기에 상공업이 발달했다는 주장은 물품 생산이 관영수공업에서 민간의 가내수공업 중심으로 변화한 것을 두고 도시 인구의 급증, 부를 축적한 상인 계층의 성장, 대동법 실시로 인한 공인의 등장 등으로 소비 시장이 확대되어 생산이 활발해진 것으로 해석하고 있다. 그러나 직조와 염색기술의 퇴조가 보여주듯이 정부가 극도로 소비와 생산을 억제하였기에 전문기술자인 장인들은 고급 생산기술을 후대에 전수할 수 없게 되었다. 결과적으로 억제된 민간의 수요에 겨우 부응할 수준의 생산만이 가내수공업으로 유지되었고, 면직물과 견직물 생산이 전문화되어 있지 않았기에 효율성도 낮았다. 1830년대에 면사는 농촌의 대다수 장시에 출시되지 않았으며 1700년대 이래 중국에서 수입된 견직물과 경쟁이 되지 않았다. 중국이나 일본과 달리 구한말 개항 이후 전통 직물업은 완전히 해체되는 길을 걸었다.[3]

조선 후기에 양반은 격증했는가?

"조선 후기에 들어와 양반이 급격하게 증가하고 상민과 노비는 감소하였다. 농업 생산력이 증대하고 상품화폐경제가 발달하면서 부유한 농민과 상인 등 새로운 계층이 증가하였다. 이들은 축적한 재산을 이용하여 양반 행세를 하였으며 공명첩 구입, 납속, 족보 매매 등의 방법을 통해 양반으로 신분을 상승시켰다.

(…)

조선 후기에 사회적 지위를 결정짓는 요소로 경제력의 비중이 커지게 되자 신분제는 크게 흔들리게 되었다. 부모가 양반이어도 가난하면 상민처럼 일하면서 살아야 하였으며 반대로 상민이라도 부를 축적하였으면 양반 행세를 할 수 있었다."

위의 글은 2017년 출판사 천재교육에서 나온 검인정 교과서 「고등학교 한국사」에서 인용하였다. 대부분의 고등학교 한국사 교과서에서 비슷한 내용의 글을 찾아볼 수 있다. 조선 후기에 양반의 수가 격증했다는 주장을 최초로 제기한 학자는 시카타 히로시四方博다. 그는 1938년 논문에서 1690년도부터 1858년도까지의 대구 호적대장 가운데 호주의 직역職役에 '유학'이라고 기재한 가구를 양반호로 분류하여 170여 년 사이에 양반호가 전체 가구의 9%에서 70% 이상으로 증가했다고 보고하고, 이는 양반제가 붕괴했음을 나타낸다고 주장하였다.[4] 대구 호적자료에 대한 시카타의 분석은 해방 후 국사학 호적 연구에서 폭넓게 수용되었다. 나아가 농업경제사 연구자들은 대구 호적에서 양반호가 격증한 것은 조선 후기 농민층의 분화가 일어나 많은 양반들이 경제적으로 몰락하여 양반 신분을 유지할 수 없었고 대신 부를 축적한 농민들이 양반 신분으로 상승했기 때문이라고 설명하면서, 대중적 역사 담론에서 조선 후기 양반 수의 엄청난 증가는 부인할 수 없는 역사적 사실처럼 굳어져버렸다.

사학자 송준호는 이미 몇십 년 전에 대구 호적을 근거로 한 조선 후기 양반제 붕괴론을 명징하게 반박하였다. 그의 연구에 따르면 조선 후기에 '모칭冒稱유학'이라고 하여 호적에 거짓으로 유학이라고 기재하는 것이 행정상 가능했으며 웬만한 사람은 다 그렇게 했지만, 이것이 그 사람이 양반임을 뜻하지는 않았다. 그중에는 실제 지역사회에서 양반으로 인정받지 못하는 사람들이 수두룩했기 때문이다. 그렇다고 유학이 준양반이나 하층 양반도 아니었다. 명문세족에 속해도 과거시험 출신자나 전·현직 관리가 아닌 사람들, 그리고 어떤 품계를 갖지 않은 사람들은 호적이나 향안에 '유학'이라고 쓰는 것이 관례였다.

또한 송준호의 연구는 부를 축적한 농민이나 상민이 돈을 주고 (납속) 양반 신분을 살 수 있었다는 것도 사실이 아니었음을 보여준다. 임진왜란 이후 조선 정부는 전란 시에 군량미를 마련하거나 혹은 기근이 들었을 때 구휼 활동을 수행하기 위하여 혹은 기타 이유로 정부의 재정난이 심각할 때 곡식을 바치는 부유한 백성들에게는 공명첩(명예관직을 수여하는 임명장)을 발행하였다. 그러나 납속을 통해 '가선대부'니 '통정대부'와 같은 품계를 받은 '납속품관' 중에는 평민축에도 끼지 못하는 사람들이 얼마든지 있었다.

부유한 사람이 족보를 위조하여 양반이 되는 것도 당시의 사회

구조에서는 불가능했다고 송준호는 지적한다. 공동체적 농민사회에서는 여러 세대에 걸쳐 한곳에 머물러 살아가기 때문에 서로의 집안 내력을 훤히 알게 된다. 또한 인간관계가 지연, 혈연 및 (결혼으로 맺어지는) 척연 등으로 겹겹이 얽혀져 있어 족보 위조가 설 자리가 없었다. 다시 말하면 위조해봤자 알 만한 사람은 다 알기 때문에 신분 상승의 효과가 없었다. 그렇다면 누가 양반이고 누가 양반이 아닌가?

'양반'은 문화적 개념이다

조선시대의 양반제를 이해하는 데 있어 중요한 것은 양반이 객관적인 기준에 의거해 규정되는 법적 개념이 아니라, 공동체에서 사회관습을 통해 정착된 문화적 개념이라는 것이다.[5] 양반 계층은 중세 유럽이나 일본 에도시대의 특권층과 달리 법으로 정해진 신분계층이 아니었다. 이를테면 영국에서 귀족의 작위는 국왕에 의해 수여되었고 일본 에도시대의 사무라이 계층은 법제에 의해 규정되었다. 반면 양반에 대한 역사적·인류학적 연구는 '조선시대에 누가 양반이고 누가 양반이 아닌가' 하는 문제가 여러 세대에 걸쳐서 이루어지는 사회적 공인과 평판에 달려 있었음을 보여준다. 법적인 강제성이 없었기 때문에 국왕의 권력으로도 양반이 아닌 사람을 양반으로 만들 수는 없었다.

원래 '양반'은 유교적 관료체제에서 문관(문반)과 무관(무반)을 합쳐서 가리키는 용어였다. 조선 정부는 건국 초기부터 시험을 통해 관료 후보자를 선발하는 과거제도를 강화하였다. 고위 관직자나 공신의 친척이나 자제를 문무관에 기용하는 음서제를 제한하고, 능력 있는 사람은 신분상의 하자가 없는 한 누구나 시험을 통해 관직자가 될 수 있도록 하였다. 양반만이 과거시험을 볼 수 있다는 자격 제한도 없었다. 즉 천민이 아닌 한 일반 상민이 양반으로 계층상승하는 데 있어 법적 장애물이 거의 없었다. 요즘 표현으로 '기회의 평등' 혹은 '능력주의'의 강화라고 할 수 있는 이러한 제도적 개혁은 덕치를 표방했던 조선의 유교적 통치 이데올로기에 기반하고 있다.

유교적 통치 이데올로기

유교에서 왕정은 종교와 도덕으로부터 분리되지 않았다. 근대 유럽의 절대왕정에서 국가의 목적이 궁극적으로 신민의 생명과 재산을 보호해주는 데 있었다면 유교에서 군왕의 임무는 백성에게 '하늘의 도', 즉 '천도'를 깨우쳐 주는 데에 있었다. '천도'는 인간 행위에 대한 당위성의 근거가 되는 것으로, 조선의 통치 이념의 기반이 되었던 성리학에서는 도덕성의 모범이 되는 자연법칙으로 인식되며 '리'로 지칭되기도 한다.[6] 여기서 하늘은 인간세계에 명령하고 도덕적 기준을 제시하는 우주적 주재자로서의 하늘을 가리킨다. 인간은 이 하늘로부터 성품 또는 덕을 부여받는다. 유교에서는 하늘을 인간존재의 근원이며 생명의 원천으로 보았고, 종교적 신앙의 대상으로 삼았다. 이 믿음에 따르면 하늘은 직접 인간 세상을 다스리지 않고 천자를 세워 하늘의 명령인 '천명'을 백성에게 전달한다. 천자는 하늘과 백성 사이에서 백성을 다스리는 통치자인 동시에 하늘에게 제사를 지내는 종교적 사제로서의 역할을 하게 된다.

이러한 유교적 국가관에서 이상적인 인간의 삶은 '천인합일天人合一', 즉 하늘의 뜻과 일치하는 삶이 되며 이는 자신의 수양을 통해서 이루어진다. 특히 성리학은 하늘과 인간의 합일성을 더욱 근원적으로 추구하였다. 군왕도 자기수양을 통해 덕을 쌓으면서 하늘의 도를 알게 되며 백성 역시 군왕에게 천도와 예를 배움으로써 자신의 도덕성을 계발하게 된다고 보았다. 도덕성에 따라 사람은 군자와 소인으로 구분되었는데, 이 구분에 따르면 군자는 대의를 추구하며 소인은 자신의 이익을 추구한다. 군자가 소인을 지배할 때 국가는 태평성대를 이룰 수 있다는 것이 유교의 통치이론이다. 여기서 군자가 소인을 지배한다는 것은 곧 하늘의 도와 예를 가르치는 것이었다.

성리학은 인간이 하늘의 도를 실천하는 데 있어 지켜야 할 가장 근원적인 규범이 '인仁'과 '의義'라고 제시하고 있다. '인'은 삼강오륜으로 표현되는 인간관계의 규범을 말하며 '의'는 사람이 가야 할 바른길을 뜻했다. 군자는 오직 의를 좇을 뿐이며 소인은 물질적 소유와 이익을 추구한다. '의'는 사적인 이익을 누리고자 하는 욕망과 반대

되는 공동체적 윤리 규범을 말하며 법 위에 존재하면서 법을 규제하게 된다.

　군주와 백성의 인격적 수양과 의리를 강조하는 유교의 통치 이론은 서구 절대왕정의 사회계약론과 대조적이다. 유럽의 절대왕정은 물리적인 힘을 가진 강자가 힘이 없는 약자를 보호해주는 대신, 약자는 강자에게 복종하는 계약관계에 입각해 있다. 법과 계약을 통해 강자가 약자를 지배하고 보호함으로써 사회는 약육강식이 횡행하는 자연 상태에서 벗어나 질서를 유지할 수 있다는 것이다. 반면에 유교는 치자治者가 법령이나 형벌을 통해 강제적으로 백성을 지배하는 것에 도덕적 정당성을 부여하지 않았다.[7] 공자를 비롯하여 모든 유교 사상가들은 법치를 배격하였다. 상하관계는 아랫사람이 도덕적으로 우월한 윗사람에게 자발적으로 복종하지 않으면 유지될 수 없다고 보았기 때문이다. 공자는 『논어』의 「위정」 편에서 '왜 덕치가 필요한가'에 대해 다음과 같이 설명하였다.

"백성을 법률로써 인도하고 형벌로써 규제하면 그들은 (임금을) 피하여 멀리할 것이요 형벌을 면하기 위하여 무슨 짓이라도 부끄러워함이 없이 하게 될 것이며 (그들을) 덕으로써 인도하고 예로써 규제하면 (그들이) 모두 염치를 알게 되고 자진해서 (임금을 향하여) 따라올 것이다."[8]

즉 공자는 백성들이 법에 의해 강제적으로 군주에게 복종하는 것이 아니라, 예의와 염치를 알게 되어 자발적으로 따르는 것이 이상적인 군주와 백성 간의 관계라고 생각했다.

그렇다면 군주는 어떻게 백성들로 하여금 자발적으로 따르게 하는가? 어떻게 덕과 예로써 통치하는가? 유교에서는 성인들의 가르침을 터득하고 실천하는 사람들, 즉 군자라고 하는 사람들을 국가시험(과거)을 통해 관료로 뽑아 그들로 하여금 국왕을 대리하여 백성, 즉 생계에 종사하는 사람들(소인들)을 가르치게 함으로써 덕치가 이루어질 수 있다고 보았다. 유교 정부의 중앙집권적 관료주의에서 지방관은 관할 지역을 통치하는 데 있어 어리석은 백성들이 효제孝悌, 즉 부모에 대한 효와 형제 간의 우애를 바탕으로 한 도덕적 심성을 계발하고 발전시키는 데 중점을 두었다. 유교 사회에서 통치 행위는 도덕교육과 분리되지 않았으며 행정과 교육이 구분되지 않았다.

특히 조선의 통치 이념이었던 성리학은 군왕과 관직자의 거의 동반자적 관계를 중시하였다. 이상적인 유교 국가는 도덕적으로 훌륭한 군자가 관직자가 되어 군왕과 함께 백성을 교화하는 사회였다. 여기서 관직자는 백성뿐만 아니라 군왕의 교사이기도 하였다. 조선 정부는 초기부터 삼사(사헌부, 사간원, 홍문관)를 만들어 왕에게 간언할 수 있는 관인의 책임과 권한을 제도화하여 왕권을 견제하도록 하였다. 양반은 바로 군왕과 백성의 스승으로서 도덕적 가치를 추구하는 '군자'를 일컫는 말이었으며, 문무관인뿐만 아니라 관직에 오르지 않은 유학자들도 포함하였다.

　결과적으로 조선의 왕권은 비슷한 시기 중국의 명나라나 청나라, 그리고 일본에 비해 훨씬 약했다고 할 수 있다.[9] 중국의 황제는 신성성을 가진 존재는 아니었지만 천자로서 하늘에 제사를 지낼 수 있는 유일한 존재로 인식되었으며 '천명'을 위임받아 통치한다는 문화적 이데올로기와 제도가 그의 권위를 뒷받침하였다. 일본의 천황은 신과 같은 존재로 '신도神道'라는 종교적 의례를 통해 숭배되었으며 국가 최고의 상징이었다. 반면 조선은 중국의 제후국으로서 국왕은 중국 황제의 신하이며 국가를 통치할 권한을 부여받았을 뿐, 왕권을 뒤받드는 확고한 이데올로기가 없었다. 조선의 왕 27명 중에서 연산군과 광해군 두 임금은 폭군 혹은 패륜 군주라는 이유로 신하들의 반정에 의해 폐위되었다.

　유교적 정치체제가 백성을 덕과 예로써 다스린다고 하여 법과 형벌에 의존하지 않았던 것은 아니다. 그러나 법과 형벌은 통치의 보조수단으로 취급되었다. 쉽게 말해 부모가 자식을 대할 때 타일러서 안 되면 때려서라도 가르친다고 하듯이, 덕과 예만으로 교화가 어려운 백성들에게는 법과 형벌에 의한 제재가 필요하다고 보았다. 실제로 법과 형벌은 유교 국가에서도 중요한 통치수단이었다. 중국의 송·명·청 세 왕조도 명목적으로는 덕치를 내세웠지만 현실에 있어서는 법치주의를 택하였다. 이런 경우 도덕적인 훈계라는 명분 아래 법적인 제재가 행해지기 때문에 법치주의의 원칙에 따라 행해지는 것

보다 훨씬 더 포악한 형벌이 가해질 수 있었다.[10]

　법치주의에서는 오히려 권력자의 학정을 막기 위하여 형벌도 법의 제한을 받도록 했고, 근대에 들어와서는 통치자의 독재를 견제하는 법제와 인권의 개념을 발전시켰다. 그 결과물이 민주주의라는 제도다. 반면 유교의 덕치에서는 정치가 포학으로 치닫는 것을 막기 위해 권력자의 자비나 인자함과 같은 개인의 덕성을 강조하였다. 유교에서 이상적인 군주는 덕망이 높은 현인이었다. 이는 조선시대 무관이 문관보다 대우받지 못했던 이유이기도 하다. 독일의 사회학자 막스 베버가 지적했듯이 동아시아 유교 문화권에서 군왕들을 영웅으로 묘사하고 칭송하는 고대문학은 별로 없다.[11]

　유교적 통치 이념은 지배계층에게 신성성이나 세습적인 지위를 부여하지 않았다는 점에서 획기적이었다고 할 수 있다. 군자로 인정받는 데 있어 중요한 것은 '신의 계시'나 '은총'이 아니라 자기수양과 노력을 통해 획득할 수 있는 도덕성이었다. 치자의 역할과 종교사제로서의 역할을 함께 수행했던 양반은 조선시대 정치, 학문, 종교의 통합적 지도자로서 강력한 정치세력을 이루었다. 고대사회에서나 볼 수 있었던 정치와 종교의 일원화를 통하여 양반 계층은 그야말로 조선 500년 역사의 주역이 될 수 있었다.[12]

'아무개' 자손: 도덕성의 세습

누구나 유학을 공부하고 자기수양을 함으로써 도덕군자가 될 수 있다는 성리학적 통치 이념에도 불구하고, 조선 후기에 들어오면 문무관을 지칭하던 양반은 조상으로부터 물려받는 거의 세습적인 지위가 된다. 흔히 양반은 3대, 혹은 4대 이내의 조상 중에 문과 급제자가 있어야 한다고 하는데, 이러한 법적 규정은 존재하지 않았다.

　앞에서 언급했듯이 조선시대에 관직자와 유학자는 서로 다른 신분계층이 아니었다. 유학자로서 학문과 덕망이 뛰어나면 백성의 '어미이'요, '스승'이 될 자격이 충분한 잠재직인 관직자로서 인정받고 존경받았다. 유학을 공부하고 도를 닦는 것은 유교적 사회질서를 확립한다는 유교 국가의 과업을 수행하는 것과 마찬가지라고 보았기 때문이다. 사학자 송준호에 따르면 중앙정부가 행정편의를 위해 네 분의 조상(아버지, 할아버지, 증조할아버지, 외할아버지) 중에 문과 급제자가 없으면 군역을 부과하는 정책을 시도하기는 했지만 별로 효과가 없었다. 군역 행정에 있어 양반 관직자, 종친, 공신들의 후손들을 우대해야 한다는 데에 여론은 일치하였다. 성호 이익(1681~1763)은 『성호사설』에서 양반의 자손은 관직자가 아니어도 역시 양반이라는 당대의 여론을 잘 대변한다.

　"문벌세족의 경우 여러 대 동안 벼슬을 하지 않았다고 하여 어찌 그

것을 이유로 하여 그들을 졸지에 군에 편입시켜 미천한 백성들과 동일하게 다룰 수 있겠는가."[13]

위 인용문에서 이익이 말한 '문벌세족'은 선대 조상들이 높은 관직에 올랐거나 학문과 덕행으로 유명했던 가문을 말한다. 그 조상들은 백성들을 가르치는 스승이요, 지도자로 인정받았던 군자들이었다. 그렇게 훌륭한 조상의 자손을 일반 상민과 똑같이 다루어 군역을 부과하는 것은 있을 수 없는 일이라는 것이다. 다산 정약용도 『목민심서』에서 비슷한 생각을 펼친다.

"군자의 자손은 대대로 군자로서의 도를 지키고 학문을 배우며 예를 지키기 때문에 비록 본인이 벼슬을 하지 않는다 하더라도 역시 귀족에 속한다. 저 일반 백성의 자여질들이 어찌 감히 (그들을) 존경하지 않을 수 있겠는가."[14]

'군자의 자손은 대대로 군자'라는 양반의 개념은, 역으로 뛰어난 조상의 후손이 아니면 양반이 될 수 없다는 것을 뜻했다. 족보와 고문서, 그리고 현지 조사를 활용한 역사학이나 인류학의 양반연구에 따르면 실제로 조선 후기 지역사회에서 유학자들은 보학적 관점에서 양반을 품정하였다. 당시에는 어딜 가든지 공인받은 양반 집안과 가문이 있었으며, 어느 집안이 더 양반인가를 따지는 관습이 선비들

사이에 널리 퍼져 있었다.

　양반을 품정하는 데 있어 가장 기본적인 요건은 현조의 존재 여부였다. '현조'는 높은 관직에 올랐거나 학문과 덕행으로 가문을 세상에 알린 뛰어난 조상을 말한다. 씨족(동성동본인 사람들)의 시조나 중시조처럼 혈연관계를 정확히 추적할 수 없는 아득히 먼 조상은 현조로 간주되지 않았다. '안동 김씨', '전주 이씨'처럼 본관이 같은 성씨는 양반, 중인, 상민, 천민까지 다 포함하여 계급적으로 다양했고 전국적으로 분산되어 살았다. 양반 가문들이 내세웠던 현조는 대부분 부계친족집단이 형성되기 시작한 16세기, 17세기에 활약했던 유명한 유학자나 관직자들이다. 이들의 후손은 다른 방계친척들로부터 자신을 구분하기 시작했고 일정한 지역에 세거하면서 '아무개 자손'이라는 부계친족집단을 형성하였다. 이 집단에 속하지 않으면 지역사회에서 양반으로 인정받지 못했다. 이들은 시조와의 혈연관계가 확실했으며 '파' 혹은 '문중'이나 '종중'으로 불렸다. 그리고 파의 시조가 얼마나 유명했는가에 따라 그 파에 속한 후손들의 양반으로서의 급수가 거의 정해졌다. 예컨대 '우암 자손'의 파시조는 문묘에 배향된 유학자이자 노론의 거두였던 우암 송시열(1607~1689)인데 '우암 자손'은 일급 양반으로 대우받았다. 또한 파시조의 후손 중에 뛰어난 인물이 나타나면 그를 중심으로 다시 하위 지파로 나누어졌으며 이 하위 지파도 '파'라고 불렸다. 뛰어난 인물이 많이 배출될수록 파는 지체 높은 양반 가문으로 지역사회에서 인정받았다.

조선 후기로 올수록 유명한 조상의 자손이 아니면 본인의 학문과 덕망이 뛰어나도 지역사회에서 양반으로 대우받지 못했다. 생원이나 문과 급제자도 자신의 직계 조상 중에 내세울 만한 인물이 없으면 향안과 같은 양반 유학자 모임에 참여하기 어려웠다. 또한 문과 급제자가 관계에 진출해도 가문의 배경이 없으면 출세하기 힘들었다.[15] 가계상의 의혹이나 하자가 있을 경우 아무리 국가에 큰 공을 세워도 관직에 임명되기 힘들었다. 집안 조상과 그 후손들의 정확한 계보에 대한 지식을 '보학'이라고 하였는데 보학은 비슷한 수준의 양반 집안과 혼인을 해야 하는 선비들에겐 필수적으로 습득해야 할 교양이었다.

양반답게 살기

현조 다음으로 중요한 양반의 조건은 그 현조의 자손들이 일상생활에서 '양반답게' 살아왔느냐 하는 것이다. '양반답게' 사는 것은 유학을 공부하여 덕망과 학식을 쌓고 '봉제사접빈객(제사를 지내고 손님을 대접하는 것)' 등 유교적 의례를 실천하며 사는 것을 뜻했다. 구체적으로 이야기하자면 과거 급제하여 관직에 진출하고, 학문을 닦고 서원을 출입하며 다른 양반들과 교유하고, 좋은 집안과 혼인을 하고, 유교적 가례를 실행하며 양반으로서의 품위를 잃지 않는 생활을 하는 것을 말한다. 예를 들어 부모의 묘소에 초막을 짓고 삼년상을 치르는 것은 지역사회에서 지체 높은 양반이라는 평판을 얻는 데 아주 중요했다. 족보를 통해 양반제를 연구한 사학자 송준호는 '양반'이 어떻게 지역사회에서 규정되는가에 대해 다음과 같이 이야기한다.[16]

> "그 당시에는 어느 지역을 가더라도 그 지역에 사는 웬만한 사람들은 그 지역 내의 주요 가문들 하나하나에 대하여 그들이 누구의 후손이며 언제 어떤 경위로 그 지방에 들어왔고 들어온 후로 그 집안에서 홍·백패가 몇 장이 나왔으며 관직자는 몇 명이 나왔고(그것도 대개의 경우는 좀 더 구체적으로 아넘 벼슬이 몇이요, 옥당이 몇이며 당상관이 몇이라는 식으로 말한다),[17] 결혼은 주로 어디에 사는 어느 집안과 하고 있으며 '봉제사접빈객' 등 양반으로서의 가풍은 어느 정도였다는 것을 소상하게 알고 있었다. 이것은 이른바 보학에 밝은 사람들뿐 아니라 웬만한 지식인이면 다 하나의 교양으로서 가지고 있는 상식이었다."

안동 지역의 양반 부계친족집단을 연구한 인류학자 송선희는 드문 경우지만 아전이나 일반 상민 집안이 대대로 유학을 공부하고 예를 실천하는 생활을 함으로써 지역사회에서 양반으로 인정받아 20세기 초에 양반 집안과 혼인 관계를 맺은 사례를 보고하고 있다.[18] 반면에 아무리 훌륭한 조상의 후손이라 하더라도 가문의 명예를 실추시키고 양반답게 살지 못할 때는 공동체에서 소외되어 그가 속한 문중 전체가 폐족이 될 수 있었다. 그 결과는 가문의 몰락이었다. 다시 말하면 한 집안이나 가문, 혹은 종족이 양반 신분을 상실할 때 국가에서 규정한 법적인 절차나 과정이 필요한 게 아니었다. 지역사회에서 양반을 품정하는 선비들에 의해 양반으로 인정받지 못하면 다른 양반들과 교유하지 못하고 비슷한 수준의 양반 집안과 혼인을 하지 못하는 사회적 고립의 과정이 진행될 뿐이었다. 즉, 양반으로서의 지위는 지역 유림사회의 여론에 의해 결정되었다고 할 수 있다.

요약하면 유명한 관직자나 유학자인 현조가 있고 그 후손들이 대대로 학문을 닦고 유교적 예를 지키며 살아가는 가문은 지역사회에서 양반으로 대우받았다. 군자에 의한 덕치를 지향하는 유교 국가에서 그들이 비록 여러 세대 동안 관직에 오르지 못했다 해도 유교적 예를 행하며 살아왔다고 지역사회의 유림에서 알아주는 한, 양반으로 예우하는 것은 사회의 기강을 바로잡는 일이었다.

결론적으로 양반 신분은 여러 세대에 걸쳐서 사회적, 그리고 문화적 요소의 영향을 받아 결정되었다. 무엇보다 양반이 되기 위해서는 지역의 유림사회로부터 양반이라고 인정받아야 했다. 이를 위해 뛰어난 조상의 후손 역시 유학을 공부하고 과거 급제, 특히 문과 급제를 하여 관직에 진출하고자 노력하며 유교의 예를 실천하며 살아야 했다. 양반의 지위를 획득하고 유지하는 일은 결코 쉽지 않았다. 한편으로는 조상이 성취한 것에 따라 후손의 지위가 거의 결정되었지만, 다른 한편으로는 후손 또한 집안을 일으키고 가문을 빛내기 위해 노력해야 했다. 가문을 빛낸다는 것은 가문의 이름을 지역사회에 알리고 나아가 중앙에 진출하여 전국에 널리 알리는 것을 말했다. 즉, 양반의 지위에는 조상으로부터 물려받는 귀속지위의 측면과 개인의 노력으로 획득하는 성취지위의 측면이 공존하였다.

따라서 사회에서 양반으로 대우받고 그 지위를 상승시키거나 유지하는 일은 여러 세대가 걸리는 긴 과정이었다. 상공인이나 부유한 상민이 돈을 주고 공명첩을 사거나 족보를 위조하여 갑자기 양반으로 계층상승하는 것은 불가능했는데, 지역사회에서 인정해주지 않았기 때문이다. 마찬가지로 살살년 양반이 가난해졌다는 이유만으로 양반으로서의 지위를 박탈당하고 일반 상민으로 몰락하는 일도 일어날 수 없었다. 일단 양반으로 지역사회에서 인정받으면 그 지위는 오래 지속되었다. 안동 지역을 예로 들면 16세기 말 정도에 주요 양반가문들이 형성되었으며 이들은 조선 말기까지 양반으로서의 지위를 유지하였다.[19]

마지막으로 양반 지위를 획득하고 유지하는 데에 있어 사회적 공인이 중요했다는 사실은 조선 후기에 일상적 생활풍속의 유교화가 진행된 과정을 잘 보여준다. 사람들은 남들에게 양반 신분을 내세우기 위해 모두가 보는 데서 유교적 의례와 생활방식을 실행하는 것이 필요했다. 신분과시를 위한 이러한 과정은 또한 왜 한국 사회에 겉치레 혹은 허례허식의 문화가 형성되었는지도 설명해준다.

친일청산: 역사바로세우기

'양반'이 문화적 규범에 의해 정당성을 부여받았던 신분계층이었기 때문에 양반의식은 쉽게 변하지 않는다. 서구의 근대적 법·제도가 도입된 지 백여 년이 지났어도, '사회 지도층 혹은 지배계층이 어떤 사람들이어야 하는가'에 대한 전통적 인식은 소위 법 위에 존재하는 국민 정서의 형태로 현대 한국인의 의식을 지배할 수 있다. 사람들은 요즘의 언어로 묻는다. '친일파' 후손인가? 혹은 '기득권 적폐 세력'인가? 아니면 독립운동가 후손 혹은 민주화 운동가인가? 그러나 이 질문들의 핵심적인 내용은 별반 다르지 않다. 그들의 조상은 누구인가? 대의를 위해 살았는가? 아니면 자신의 이익을 위해 불의와 타협하며 살았는가?

　무엇보다 덕치주의적 양반의식은 정치 지도자의 도덕성을 강조함으로써 민주화 운동의 문화적 원동력이 될 수 있었다. 전제적 왕권에 반대하는 성리학적 관점에서도 군부독재는 용납되기 어려웠다. 그것은 무력에 의한 정권 찬탈이었다. 민주화 운동을 이끌었던 김영삼 대통령은 자신의 정부를 조선시대 문치주의를 연상시키는 "문민정부"라고 불렀다. 군인 출신이 이끄는 정부가 아니라는 것이다. 엄밀히 말하면 노태우 대통령 역시 1987년 6·29 선언 이후 직접 선거를 통해 국민에 의해 선출된 민선 대통령이었기 때문에, 노태우 정부 또한 정통성 있는 민주정부였다. 그러나 김영삼 대통령에게 '정통성'은 국민이 선거를 통해 선출했다는 사실에 있지 않았다. 그는 5·16을 '군사 혁명'이 아닌 '군사 쿠데타'로 격하해 부르고, 군인 출신이 아닌 자신의 '문민정부'만이 상해 임시정부의 법통을 이어받은 최초의 정부임을 강조하며 출신 성분에 따른 도덕적 우월성을 과시하고자 했다.

　문민정부는 과거사 청산운동인 '역사바로세우기'를 위해 비민주적인 방법도 동원하였다. 예컨대 '소급입법' 논란이 있는 5·18 특별법을 제정하여 전두환과 노태우, 그리고 그들과 함께했던 군부세력을 내란죄로 단죄하였다. 김영삼 전 대통령을 비롯해 많은 국민들은 소급입법을 반민주적이라고 여기지 않았다. 지나간 역사에 대해 시시비비를 가려 '불의한' 지배 세력을 응징하는 '과거사 청산'이 민주주의라고 생각하였다.

유교적 역사관

민주화 운동가들이 강조해온 '역사바로세우기'는 현대 한국인들이 가진 양반의식과 유교적 역사관을 잘 드러낸다. 조선시대에는 국가가 역사 기록을 독점하였다. 유교라는 종교의 사제였던 유학자들은 '과거의 정치가 현실 사회에서 무엇을 성취하였나' 하는 문제보다 얼마나 '의를 추구하고 실천했는가'의 문제의식을 갖고 역사를 평가하였다. 역사기술의 궁극 목적은 근대 역사학처럼 객관적 사실을 밝혀내는 것이 아니라, 선악을 구분하고 과거를 도덕적 기준에 따라 심판하는 데 있었다. 이 심판의 주체는 사관史官이었기에 조선은 이들이 권력의 압력을 받지 않고 공정하게 역사를 심판하도록 제도적으로 보장하였다. 사관이 쓴 역사는 정사正史, 즉 '바른 역사'라고 칭했고 개인이 쓴 역사는 '야사野史'라고 불렀다.

　유교의 도덕적 역사관은 아직도 현대 한국 사회에서 대중적 역사담론의 많은 부분을 지배하고 있다고 생각한다. 정권이 바뀔 때마다 '역사바로세우기'는 수행해야 할 가장 중요한 책무가 되며 '불의가 득세했던' 과거는 '정의로운' 사회를 만들기 위해 청산되어야 할 '적폐'가 된다. 그리고 다수의 국민은 '역사바로세우기'에 환호한다. 한국 사회에서 '정의'는 서구 근대사회에서처럼 '법을 지키는 것'을 뜻하지 않는다. '정의로운' 사회는 법을 지키는 사회가 아니라 유교적 '의'를 실천하는 사회다.

조선의 통치 이념이었던 성리학에서 의를 추구하는 것은 목숨보다 중요한 최고의 가치였다. 신하는 군왕이 잘못된 길을 가고 있다고 생각될 때는 죽음도 무릅쓰고 충언을 할 도덕적 의무가 있었으며, 군왕이 그 충언을 받아들이지 않을 때는 벼슬을 버리고 왕을 떠나는 것이 마땅한 도리였다. 단종을 죽인 세조의 '왕위 찬탈'에 항거하는 뜻으로 관직을 떠난 '생육신'은 후세에 절의를 지킨 의로운 신하의 사표로 유림의 추앙을 받았다.

목숨 바쳐 의를 추구하는 성리학적 덕치주의는 전쟁에서 '무항복주의'로 표현된다. 전쟁과 같은 상황에서 적이 너무 강해 이길 승산이 없을 때, 끝까지 저항하다 죽을 것인가 아니면 굴복해서 목숨을 부지할 것인가 하는 선택의 문제에 직면하게 된다. 즉 병자호란 때처럼 '주화론'과 '척화론'이 대립하게 된다. 이 선택의 기로에서 성리학적 덕치주의는 불의의 침략에 절대로 항복하지 않는 것이 의로운 군자의 임무라고 보았다. 청에게 항복하는 것을 극렬하게 반대했던 김상헌은 죽음을 무릅쓰고 의를 좇고자 하는 선비의 모습을 잘 보여준다. 항복하지 않고 명나라와의 '의리'를 취한 결과 백성의 삶이 도탄에 빠지게 될 현실은 그에게 중요하지 않았다. 이에 반해 최명길은 절대로 이길 수 없는 전쟁에서는 항복하는 것만이 군주와 백성들이 살아남는 길임을 주장했다. 주화론을 펼친 최명길은 조선이 망할 때까지 주류 유학자들로부터 살기 위해 불의에 굴복한 역적으로 비난받았다.

서구의 근대적 전쟁문화에서는 전투에서 최선을 다해 싸우다가 이길 가능성이 없으면 적에게 항복하는 것이 보통이며 항복한 것에 대해 수치스럽게 생각하지 않는다. 반면에 전쟁에서 항복하여 포로가 되는 것을 치욕이라고 생각하는 경향은 동아시아 유교 문화권에서 공통으로 볼 수 있다. 일본문화에 대한 고전적 연구서인 『국화와 칼』에서 미국의 인류학자 루스 베네딕트는 제2차 세계대전에서 일본 군인들이 보인 극도의 '무항복주의'를 언급하며 서구의 전쟁 관행과 비교하였다.[20] 일본군은 미군의 막강한 전력 앞에서 정신력의 우위를 강조하며 '죽창'만이라도 들고 죽을 때까지 싸우겠다는 항전 의지를 불태웠다고 한다. 그러나 베네딕트에 따르면 서구의 군대에서는 병력의 4분의 1 내지 3분의 1이 전사하게 되면 항복하는 것이 보통이며 항복자와 전사자의 비율은 대략 4 대 1이었다. 서구의 병사들은 항복한 후에도 "명예로운 병사로 자부하고 국제 조약에 따라 그들의 명단을 본국에 통보하여 가족들이 그가 살아 있는 것을 알게 한다. 그들은 군인으로서 국민으로서 또는 한 가족으로서 부끄러울 것이 없다."[21] 또한 포로로 잡힌 적국의 군인은 제네바 협약에 따라 인도적 대우를 해주는 것이 관행이며 자국의 병사들에게는 전쟁포로가 되었을 때 지켜야 할 행동수칙을 주지시킨다.

주자학적 의리론에 기반한 척화론, 그리고 의를 실천하는 데 있어 현실적인 한계를 중시한 주화론의 대립은 한국의 근현대사에 면면히 이어져 내려오고 있다. 척화파 선비들은 구한말부터 '의병'(의로운 군대)을 일으켰고 항일 독립운동에 뛰어들었다. 그들이 가진 명분론과 의리론의 관점에서 항일투쟁은 당연한 귀결이었다. 나라를 잃은 지식인이 신학문을 배워 식민지 정부의 녹을 먹거나 사회의 지도자로 활동하는 것은 치욕적인 행위였다.[22] 세조 때의 생육신처럼 '불의'한 군주의 관료가 되기를 거부하고 떠돌이가 되든지, 혹은 단종 복위를 위해 죽은 사육신이나 병자호란 때 청에 끌려가 죽은 삼학사처럼 목숨을 초개같이 여기고 침략자에게 항거해야 했다. 1905년 을사조약이 체결되었을 때, 민영환을 비롯하여 여러 대신들은 선비정신에 따라 자결하였고 많은 유생들은 의병을 일으켜 제대로 된 무기와 장비도 없이 항일무장투쟁에 나섰다. 이길 가능성이 전혀 없어도 굴복하는 것은 군자로서의 명예를 잃는 것이었다. 물론 국내 의병들은 일본군에 의해 즉시 소탕되었다. 살아남은 의병들은 국경을 넘어 만주 지역으로 이동하여 항일무장투쟁을 주도하였다.[23]

일본의 강력한 군사력과 부강함을 목도한 주화파 한국인들은 조선이 일본의 식민지가 되는 현실을 받아들였다. 저항해봤자 쓸데없는 일이라고 생각했을 것이다. 그들은 한국의 근현대사에 매국노와 친일파로 이름을 남겼다. 해방 후 척화파의 후예들은 줄기차게 일제 식민지 시기의 친일파를 청산할 것을 요구했다. 저항하기는커녕 일제에 협력한 엘리트들은 자신들이 저지른 '불의'에 대해 역사의 심판을 받아 마땅하다는 것이 척화파의 관점이었다. 일제 식민지 시기에 대해 도덕적 판단을 유보하고 실제로 어떤 일들이 일어났는가를 서구 역사학의 방법론을 적용하여 객관적으로 조사하는 역사연구는 척화론자들에 의해 '식민사관'이라고 매도당했고 아직도 격렬하게 비판받고 있다.

많은 민주화 운동가들 역시 비슷한 논리에서 한일병합 이후 해방되기까지 체제에 순응한 친일의 역사를 도덕과 사회정의가 무너진 '치욕의 역사'로 보고 있다. 그들은 일제 식민체제에 순응하며 그 체제 안에서 출세하고자 했던 '친일파'를, 자신의 안위를 위해 지조를 버리고 조국과 민족을 배반한 '변절자'라고 낙인찍는다. '변절자'를 처단하는 것은 국가가 '민족정기'를 확립하고 '정의'를 구현하기 위해 반드시 해야 하는 일이 된다. 친일청산을 강조하는 문재인 대통령의 삼일절 그리고 광복절 기념 연설들은 그가 가진 유교적 '정의'와 '도덕국가'의 개념을 잘 보여준다.

"친일 부역자와 독립운동가의 처지가 해방 후에도 달라지지 않더라는 경험이 불의와의 타협을 정당화하는 왜곡된 가치관을 만들었습니다."(2017년 광복절 연설에서)

"'친일잔재 청산'은 친일은 반성해야 할 일이고, 독립운동은 예우받아야 할 일이라는 가장 단순한 가치를 바로 세우는 일입니다. 이 단순한 진실이 정의이고 정의가 바로 서는 것이 공정한 나라의 시작입니다."(2019년 삼일절 백주년 기념 연설에서)

홍범도와 봉오동 전투

지난여름 홍범도 장군의 유해가 카자흐스탄에서 한국으로 봉환되던 날, 문 정부는 전투기 여섯 대로 하늘길을 호위하며 그를 극진히 예우하였다. 홍범도는 그동안 사회주의 계열 독립운동가로 분류되어 우리에게 대중적으로 잘 알려지지 않았던 인물이었다. 그는 1920년 만주에서 봉오동 전투와 청산리 전투를 '대승리'로 이끈 '대한독립군' 사령관이었다.

봉오동 전투는 3·1운동이 일어난 다음 해인 1920년 6월 만주 지린성 허룽현 봉오동에서 홍범도가 이끌던 대한독립군이 일본 정규군과 교전한 사건을 말한다. 청산리 전투와 함께 독립군이 일본군을 대패시킨 항일 전투로 꼽히며 독립운동의 역사에서 첫 승리를 기록한 사건이라고 알려져 있다. 그러나 거의 100년 전 봉오동 전투 상황을 실제로 살펴보니, 1920년 무렵의 대일 무장항쟁이 당시 만주 지역에 거하던 한인 민간인들의 막대한 희생을 초래한 무모한 일이 아니었을까 생각하게 된다.

무엇보다 문 대통령이 광복절 기념사에서 '독립전쟁'의 첫 승리라고 추켜세운 전과는 많이 과장된 것으로 보인다. 공식 역사에 나오는 전과는 상해 임시정부 군무부가 발표한 것으로, 일본군은 전사자가 157명 그리고 부상자가 300명이었으며 독립군은 전사자가 4명 그리고 부상자가 2명이었다.

그러나 당시 봉오동 전투에 참여했던 일본군 지휘관이 작성한 봉오동 전투 보고서인 「봉오동부근전투상보」는 상해 임시정부가 발표한 전과가 전투에 참여한 일본군 총병력의 숫자를 부풀렸음을 보여준다.[24] 일본 측 보고서에 따르면 당시 출동했던 일본군 총병력은 270명을 넘지 않는다. 그러나 독립군 측 전과에 따르면 총 일본군 숫자가 457명이다. 그리고 독립군이 사살한 일본군은 양측 자료가 불명확한데 일제 측 보고서에 따르면 1명이다. 「독립신문」 보도에 따르면 전투 중에 일본군끼리 오인 사격이 있었다고 하나 교차 검증한 결과 확실하지는 않다. 또한 야스쿠니 신사에 안치된 군인들 중에 봉오동 전투 때 죽은 이는 없다고 한다. 동시에 독립군 측 피해는 축소되었다. 한 예로 홍범도의 지시에 따르지 않았던 독립군의 여러 부대 가운데 신민단에 소속되었던 8명은 모두 전사했는데 상해 임시정부는 4명이 전사한 것으로 발표했다.

성과 측면에서는 과장되었어도 봉오동 전투에서 명백히 승리했음은 독립운동사 연구자들이 대부분 인정하고 있다. 그러나 나는 이를 두고 독립군의 대승리라고 판정하는 것에는 다른 관점에서 회의적이다. 그 이유는 민간인 피해가 많았기 때문이다. 임시정부 보고는 일반 양민 사상자 수는 아예 포함하지 않고 있다. 일본 측 보고서에 따르면 봉오동 전투에서 민간인은 임신부와 어린이까지 합쳐 적어도 17명이 죽었다. 홍범도는 주민들 대부분을 미리 대피시켰지만, 일본군 보고서에는 봉오동의 한인 민가들을 수색하는 중에 양민들을 사살했다는 기록이 나온다. 사살당한 사람들의 연령과 이름, 그리고 성별이 상세히 기록된 것을 보면 미처 피신하지 못한 노인과 어린이, 부녀자들이 죽은 것으로 보인다. 이들까지 포함하면 나에겐 양측의 피해가 비슷한 것으로 보인다. 아마 봉오동 전투가 없었다면 이들 주민들은 농사지으며 평온하게 지냈을 것이다. 그들은 먹고살기 위해 두만강을 건너 간도의 황무지 척박한 땅을 개간하며 한인촌을 형성해 열심히 살던 농민들이었다.

전투를 하기 위해서는 식량, 의복, 무기 등과 같은 보급물자가 필요하다. 주둔하고 있는 곳에서 물자지원이 없으면 군대는 유지되지 못한다. 봉오동 전투 몇 달 후에 훈춘 일본 영사관 공격 사건, 그리고 청산리 전투가 있자 일본군은 만주 지역 독립군을 소탕한다는 명분으로 무고한 한인들 수천 명을 무차별적으로 살상하였다. 이 학살을 '경신참변' 혹은 '간도 참변'이라고 부른다. 내가 보기에 이러한 민간인 학살은 충분히 예견할 수 있는 일이었다. 훈춘 사건은 최근까지도 우리나라에선 일본군이 마적을 조종해서 일본 영사관을 공격한 사건으로 알려져 왔으나, 최근 번역되어 일반에 공개된 중화민국국민정부의 외교부 문서에 따르면 '조선애국청년'들이 주도한 것으로 나와 있다.[25] 봉오동 전투, 훈춘 사건, 청산리 전투 등 일련의 항일무장항쟁이 결국 일본군에 의한 대대적 간도 한인 학살, 즉 간도 참변으로 이어졌다고 보인다.

군대 유지에 필요한 보급지원을 해줄 한인촌들이 거의 쑥대밭

이 되자 만주 지역에서 활동하던 무장 독립군 부대들은 일본군의 토벌에 밀려 자유시 쪽으로 쫓겨가게 된다. 그리고 유명한 '자유시 참변'이라는 독립군 학살극이 일어난다. 이 참극은 자유시 인근 수라세프카에서 독립군 부대들이 무장해제당하고 볼셰비키의 적군에 의해 학살당한 사건이다. 러시아 역사학자 테플랴코프 알렉세이 게오르기예비치Тепляков Алексей Георгиевич의 설명에 따르면[26] 러시아 농민들에게서 식량을 약탈하는 무장 독립군과 식량을 뺏기지 않으려는 가난한 러시아 농민들 사이의 갈등도 참변의 원인 중 하나였다. 자유시 참변 이후 독립군은 거의 해체되었고 홍범도는 러시아에 남는 길을 택했다. 그때 그의 나이 53세였다.

결국 봉오동 전투 이후 1년 정도의 기간에 걸쳐 여러 전투와 참변들이 있었고 만주에서 활동하던 독립군 부대들은 와해되었다. 그리고 그 1년 동안 최소 수천 명 이상의 무고한 민간인들이 희생당했다. 이것은 승리인가, 패배인가? 문 대통령이 추켜세운 '독립전쟁'은 사실상 일본군과의 승산 없는 전쟁으로 만주에 살던 한인들의 삶도 함께 파괴해버린 게 되었다. 그 민간인들은 19세기 말부터 자기 나라에서 먹고살 수 없어 남의 나라 땅으로 이주한 사람들이었다. 그들은 무능하고 부패한 왕조의 착취와 억압으로부터 벗어나 새 삶을 찾고자 했다. 먹을 것을 찾아 압록강, 두만강을 건너 중국으로 탈출하는 지금의 탈북자들과 비슷했다고 할 수 있다. 만주 땅에서 독립운동한다면서, 그곳에 정착해 살던 한인들의 생명과 재산을 지켜주지 못한다면 항일무장투쟁이 무슨 의미가 있는가? 또한 어느 국가도 자기 영토에 무장한 이민족을 원하지 않는다. 나라 없는 민족의 엄연한 현실이다.

만주 지역의 독립운동에 대한 연구는 실제로 무장투쟁을 하던 독립운동 단체들이 강제적 군자금 납부, 독립군 충원을 위한 징병제 실시, 의무 불이행자들에 대한 사적 제재 등과 관련하여 지역 주민들과 적지 않은 갈등이 있었음을 보여준다.[27] 대다수가 중국인 소유의 땅을 빌려 농사짓는 가난한 소작농이었던 간도 지역의 한인들에게는 독립운동 자금이나 조직운영비로 갹출되는 금액이 적지 않은 부담이 될 수 있었다. 또한 그들은 반일사상이나 민족의식에 별로 관심이 없었을 수도 있다. 그렇다면 여러 가지 의무를 강제하는 독립운동 단체들이, 마치 과거에 벗어나고자 했던 양반 관료처럼 자신들 위에 또다시 군림하려는 것으로 인식되었을 수도 있었다.

사회주의 계열의 독립운동가였던 김학철은 2001년 세상을 떠나기 며칠 전에 참여연대 소식지인 「월간참여사회」와의 인터뷰에서 무모해 보였던 무장독립운동의 의의에 대해 다음과 같이 이야기했다.[28]

"우리의 독립운동사는 신화에 가까울 정도로 과장이 있었다는 것은 분명해요. 때로는 민족의 자존심을 고취하기 위해 신화가 필요한 것도 사실이겠지요. 그러나 과장과 인위적인 조작을 통해 과거사를 미화시키는 작업에서 벗어날 때가 된 것 같아요. 과장하는 만큼 설득력이 떨어지는 거잖아요? 이제는 역사와 전설을 구분해도 좋을 만큼 이 사회가 성숙하지 않았습니까? 독립군의 대일무장항쟁만 해도 그래요. 1998년 10월 23일 자「조선일보」에 실린 글을 대표적인 예로 들 수 있어요. 1920년 6월 봉오동 전투에서 일본군 157명을 사살하고 300여 명을 부상시켰으며 같은 해 10월 청산리 전투에서는 일본군 1개 여단을 사살한 것으로 전하고 있어요. 내 경험으로 볼 때 봉오동 전투나 청산리 전투에서의 전과는 적어도 300배 이상 과장된 것이에요. 우리의 항일무장투쟁은 악조건 속에서 살아남은 정신의 투쟁이지, 대첩이나 혁혁한 전과는 불가능한 전력이었어요. 일본과 맞닥뜨렸을 때 열에 아홉 번은 졌어요. 어쩌다가 한 번 이긴 경우도 일본군 서너 명 사살하면 대전과로 여겼어요. 한마디로 말하자면 옻진아비마냥 자꾸 지면서도 일본이 무조건 항복하는 날까지 계속 달려든 것입니다. 그 불굴의 정신만은 대단한 것이라고 생각합니다."(인터뷰: 2001년 9월 1일)

독립운동가 김학철은 최종적으로 '불굴의 정신' 혹은 '정신의 투쟁'에 높은 가치를 두었다. 그리고 이 불굴의 정신은 바로 온갖 희생이 있어도 불의에 굴하지 않는 척화파의 선비정신이었다.

예우법과 평등주의

그런데 해방 후 70여 년이라는 세월이 지난 지금 독립운동가와 친일파들은 거의 모두 저세상 사람이 되었다. 친일청산을 하는 것이 어떻게 가능할까? 늦었어도 친일청산을 해야 한다는 주장의 근저에는 도덕성 혹은 김학철이 말하는 '불의에 굴복하지 않는 정신'은 세습된다는 조선 후기의 양반의식이 깔려 있다. 즉, 친일청산 지지자들에게 독립유공자 후손은 여전히 독립유공자이며 친일파의 후손 역시 친일파다. 이를테면 "김원웅 멱살 잡은 광복회원, 일가족 7명 다 독립유공자"라는 제하의 「중앙일보」 2021년 4월 11일 자 기사에서 독립운동가의 손자인 한 광복회 회원은 "내 몸에는 독립애국지사의 피가 흐른다. 불의를 보면 못 참는 피가 흐르고 있다"고 '의로운' 독립운동가 후손으로서의 정체성과 자부심을 표현하고 있다.[29] 이제 한국 사회에는 조선 후기 양반가문을 품정했던 보학이 다시 등장하고 있다. '김구 장손', '장준하 장남', '윤봉길 장손녀'와 같은 식으로 누구의 자손인가를 따지는 것이 자연스럽게 보도되고 있다. 반대로 친일 인사의 후손은 변절자의 불의의 피를 물려받아 사회 지도자가 품어야 할 도덕성을 상실한 사람들로 인식되고 있다. 따라서 지도층의 자리에서 물러나 속죄의 길을 가는 것이 정의가 바로 서는 것이된다. 실제로 노무현 대통령 시절 신기남 전 국회의원은 일제시대 헌병오장이었던 아버지의 '친일반민족행위'가 논란이 되면서 열린 우리당 의장직에서 사퇴해야 했다.

역사바로세우기와 친일청산을 강조하는 정권에서 독립운동가의 후손에 대한 예우를 한결 강화한 것은 도덕적으로 훌륭한 '군자'의 후손을 '대대손손' 예우해줘야 한다는 양반의식의 자연스러운 발로라고 할 수 있다. 문 대통령은 취임 후 첫 8·15 경축사에서 "독립운동가들을 더 이상 잊혀진 영웅으로 남겨두지 말아야" 하며, "명예뿐인 보훈에 머물지도 말아야 한다"고 언급하고 "최고의 존경과 예의로 보답하겠다"고 다짐하였다. 즉 독립운동가에 대한 특별한 예우는 전상자에 대한 일반적인 보훈의 차원을 넘어서는 일이라고 문 대통령은 밝히고 있다. 불의에 굴하지 않는 고고한 정신을 가진 독립운동가를 일반 전상자와 똑같이 대할 수는 없는 일이다.

대통령은 구체적으로 "독립운동을 하면 3대가 망한다는 말이 사라져야 한다"면서 "독립운동가의 3대까지 예우하고 자녀와 손자녀 전원의 생활안정을 지원해서 국가에 헌신하면 3대까지 대접받는다는 인식을 확산하겠다"고 약속했다. 이후 독립유공자의 손자녀까지 각종 교육, 취업 지원과 매월 생활비 보조 등을 받을 수 있도록 독립유공자 예우법(독립유공자법)은 개정되었다. 강창일 민주당 의원이 발의했던 독립유공자법 개정안은 지원대상의 범위를 아예 직계비속으로 확대하고 있다. 정부와 별도로 고 박원순 전 서울시장은 2019년 광복절을 맞아 중위소득 70% 이하의 독립유공자와 그 후손들의 3,300가구에 월 20만 원씩 생활지원 수당을 지급하고 유공자의

4~5대손까지 대학교 학비를 지원하는 "독립유공장학금"을 만들 계획을 발표하였고, 2021년 서울시 '독립유공장학금'은 올해 6대손까지 학비를 지원하고 있다.

그러나 유공자 후손에게 보훈의 차원을 넘는 보상을 하는 것은 엄격히 말해 민주사회의 평등주의에 어긋날 수 있다. 미국의 경우, 참전 군인을 포함한 국가유공자에 대한 지원의 대상은 유공자 본인과 그의 배우자 그리고 그의 미성년 자녀로 제한한다. 즉 유공자의 사망이나 부상으로 인해 심각한 재정적·정신적 피해를 입게 되는 핵가족만 보상 및 지원을 받는 것이다. 핵가족의 범위를 벗어나는 확대가족이나 후손에 대한 국가의 지원은 자칫 평등의 원칙에 위배될 수 있기 때문이다. 취업이나 교육지원에 있어서도 성인 자녀의 경우 특정 연령 범위 내로 한정한다.

우리나라의 경우 실제로 2004년 7급 공무원 시험에서 국가유공자 가산점을 받은 합격자 수는 전체 합격자의 30%를 넘었다. 2006년 헌법재판소는 7급과 9급 공무원 채용시험, 교사 임용 고시 등에서 만점의 10%를 가산점으로 주는 국가유공자 예우법이 균등한 기회를 보장받아야 하는 일반 국민들의 공무담임권을 제약하기 때문에 헌법과 불합치하다는 판결을 내렸다.[30] 이후 국가유공자법은 취업지원에 있어 사망한 유공자의 유족에게만 10%, 그 외 유공자의 가족에게는 5%의 가산점을 부여하는 것으로 개정되었다.[31] 이 정도의 가산점 제도도 갈수록 각종 국가고시의 경쟁률이 치열해지는 것을 고려할 때 가산점을 받지 못하는 일반 국민들에게는 불공정 시비를 낳을 수 있다. 인사혁신처 발표에 따르면 2021년 국가공무원 7급 공채시험은 815명을 선발하는 데 38,947명이 지원하여 평균 47.8 대 1의 경쟁률을 보였으며 2020년의 46.0 대 1보다 증가하였다.[32]

또한 독립유공자에 대한 '최고의 존경과 예우'는 6·25참전군경에 대한 예우와 현격한 차이가 난다. 서울시가 6·25참전군경의 유족들에게 지급하는 생활지원 수당은 국가유공자에 대한 예우법에 준하여 손자녀를 포함하지 않고 있으며, 월 지급액 또한 독립유공자의 절반 수준인 10만 원에 불과하다.[33] 이러한 차별적인 예우는 현대 국민국가의 전사자 위령에서 보편적으로 볼 수 있는 평등의 원칙에서 벗어난다고 할 수 있다. 현대 사회에서 국민국가는 모든 전사자들을 평등하게 추모함으로써 "시민들 사이의 평등주의와 정치적 형제애"라는 이상을 구현하고자 한다.[34] 더구나 6·25참전군경들의 대규모 희생이 지금의 발전한 대한민국을 만드는 데 실질적으로 기여했다는 것은 더 말할 나위 없다.

전후 한국은 한미동맹을 근간으로 하는 안보체제 속에서 한민족 역사상 유례없는 번영을 누렸다고 할 수 있다. 물론 군부독재도 있었고 부정부패도 있었으며 노동문제·재벌문제 등 적지 않은 문제들이 있었지만, 성공적으로 산업화를 이루었고 민주주의의 제도적 기틀을 마련하였으며 고도의 경제성장을 토대로 하여 사회 각 분야에서 많은 성취를 이루어냈다. 2021년 7월 유엔 산하 기구인 유엔무역개발회의는 대한민국의 지위를 '개발도상국'에서 '선진국'으로 상향시켰는데, 식민지였다가 '선진국'이 된 예는 전 세계에서 한국이 유일하다. 이렇게 국제적으로 인정받는 대한민국의 성취는 공산화되지 않았기 때문에 가능한 일이었다. 그런데 왜 6·25참전용사들의 후손에게는 3대까지 "최고의 존경과 예의"로 보답하지 않는 것일까?

양반의식에 근거한 친일청산과 독립운동가 후손들에 대한 최고의 예우를 수용하기 위해서는 현대 국민국가의 보훈과 예우 제도가 추구하는 평등주의를 수정해야 한다. 독립운동가에 대한 '최고의 예우'는 모든 시민이 법 앞에 평등한 시민사회에서 '조상이 누구인가'를 따지던 양반사회로 회귀하는 것을 의미한다. 또한 6·25참전군경들에겐 상대적으로 불평등하고 차별적인 보상과 예우를 뜻한다. 각종 국가고시에서 가산점을 받지 못하는 일반 시민들도 평등의 원칙에서 배제되는 것을 의미한다. 이제 '아무개 후손'이라는 특권층, 즉 신양반 계층이 공무원직을 다수 점유하게 되는 시대가 올지도 모른다.

'독립운동 정신': 북한과의 비교

독립유공자에 대한 특별한 예우는 문재인 정부가 대한민국의 정통성을 국가가 물적 기반을 갖추고 제도적 기틀을 마련한 것에서 찾는 것이 아니라 '독립운동의 정신'에서 찾고 있음을 잘 드러낸다. 여기서 '독립운동의 정신'은 김학철이 앞에서 언급한 것처럼 도저히 이길 수 없음에도 불구하고 끝까지 항거하는 '불굴의 정신'이며 투쟁의 정신이다. 어떠한 희생이 따라도 의롭게 살고자 하는 '척화파'의 선비정신과 같다. 문 대통령은 2017년 광복절 기념사에서 해방은 "자유와 독립의 열망"을 지켜낸 독립운동의 결과지, 저절로 외세에 의해 주어진 것이 아니라고 강조하였다. 그는 물리적 힘, 즉 연합군의 군사력이 아니라 우리의 '정신력'이 일본의 패전을 가져왔다고 말한다.

"광복은 주어진 것이 아니었습니다. 이름 석 자까지 모든 것을 빼앗기고도 자유와 독립의 열망을 지켜낸 삼천만이 되찾은 것입니다. (…) 광복은 항일의병에서 광복군까지 애국선열들의 희생과 헌신이 흘린 피의 대가였습니다."

대통령은 심지어 대한민국의 경제적 번영까지 독립운동 정신 때문이라고 주장한다.

"위대한 독립운동의 정신은 민주화와 경제발전으로 되살아나 오늘의 대한민국을 만들었습니다."

이러한 시각은 문 정부가 6·25참전용사들의 희생에 중요한 가치를 부여하지 않고 있음을 단적으로 보여준다. 전후 한국의 경제발전이 독립운동 정신이 되살아난 결과라면 6·25 전쟁 때 공산화를 막기 위해 목숨을 잃고, 실종되고, 장애인이 되었던 60만 국군의 희생과 헌신은 무화되고 만다.

더 나아가 문재인 대통령은 촛불시위가 독립운동 정신을 계승하고 있다고 선언한다.

"항일독립운동의 이 모든 빛나는 장면들이 지난겨울 전국 방방곡곡에서, 그리고 우리 동포들이 있는 세계 곳곳에서 촛불로 살아났습니다. 우리 국민이 높이 든 촛불은 독립운동 정신의 계승입니다."

독립운동의 정신이 만들어낸 도덕국가에서 촛불시위가 독립운동 정신을 계승한다는 선언은 촛불정권인 문 정부에 막강한 도덕적 권위를 부여한다. 이 권위를 통해 문 대통령과 지지자들은 정치세력으로서의 지배적 위치를 공고히 하게 된다. 다시 말하면 문 정부가 대한민국의 정통성을 독립운동에서 찾고 독립유공자와 후손에 대한 '최고의 존경과 예우'를 약속하는 것은 종국적으로 운동권 세력의 도덕적 기반을 굳건히 하기 위한 정치적 전략으로 볼 수 있다.

문 정부가 여권의 권력 기반을 다지기 위해 독립운동의 정신을 작금의 정치 현실로 소환하는 것은 북한 정권이 통치권력의 세습화를 위해 만주항일빨치산운동을 신성시하는 것과 놀랍게도 유사하다.[35] 북한의 세습정치에 대해 공동으로 연구한 문화인류학자 권헌익과 정병호의 『극장국가 북한』에 따르면 김정일의 권력세습을 도덕적으로 정당화하기 위해 김일성 사망을 전후하여 북한의 현대사는 수정되었는데, 이 과정에서 만주 빨치산의 항일무장투쟁사가 북한의 역사에서 가장 중요하고 성스러운 역사로 재탄생하였다.

새로이 수정된 역사는 만주항일빨치산의 무장항쟁 덕분에 민족해방이 이루어졌음을 강조하였다. 그러나 항일무장투쟁에 참여한 빨치산 대원은 실제로는 극소수에 불과했다. 또한 빨치산 투쟁이 민족해방을 가져온 것처럼, 빨치산 정신을 이어받은 선군정치가 북한의 기아사태와 식량난을 종식하게 될 것이라고 인민들을 세뇌하였다.[36] 문재인 대통령이 남한의 경제적 번영을 독립운동 정신의 결과라고 주장하는 것과 비슷하게 북한 정권 역시 해방 후의 역사를 빨치산 항쟁의 역사에 종속시키고 있다.

새롭게 가공된 영웅담에서 김일성은 식민지의 고통에서 민족을 구한 최고의 영웅으로, 그리고 빨치산 대원들에게 삶을 선사한 '어버이'로 받들어지며 건국의 시조로 숭배된다. 또한 '김일성에 대한 무조건적인 헌신'을 '김정일에 대한 변함없는 충성'으로 변환시키기 위해 북한의 매체들은 인민들에게 유교적 충효사상을 주입시켰다. 정치 지도자는 인민의 어버이가 되었고 국가는 어버이 수령의 확대된 가정이 되었으며 국가경제는 어버이의 가정경제가 되었다. 가족국가에서 인민들이 겪는 굶주림의 고통은 '밥투정'에 불과했으며 항일 빨치산 정신을 이어받은 자랑스러운 전사들이 영웅적으로 견디어내야 하는 것이 되었다.

이 역사 수정 작업에 대규모 군중집회와 뮤지컬, 영화, 노래 등의 공연예술이 핵심적인 역할을 하였다. 권헌익과 정병호는 북한을 "인위적이고 과장된 대중 동원의 예술정치로 무장한 극장국가"로 규정하였다. 1990년대 중반 김일성 사망 후 대기근으로 인해 대량 아사가 일어나고 있을 때, 북한 정권은 기아문제를 해결하기보다는 항일빨치산 정신을 찬양하기 위해 경제성도 없는 토목공사와 역사기념물 건설, 공연 등에 붙석·인석 사원을 쏟아부었다. 민면에 한국전쟁으로 인한 엄청난 희생과 전사자를 기리는 기념물이나 행사는 거의 없었다고 권헌익과 정병호는 지적한다.[37] 이런 정치적 과정을 통해 김일성을 승계한 김정일의 지배적 위치는 확고해졌고 만주 빨치산의 많은 후손들은 북한 사회의 '최고 특권층'으로, 그리고 김정일의 '가장 열렬한 지지집단'으로 자리매김하였다.

물론 남한이 북한처럼 정부가 모든 공연을 감독하고 연출하는 극장국가는 아니다. 그러나 오구라 기조小倉紀藏[38]가 적절하게 표현했듯이, 남한 사회 역시 "사람들이 화려한 도덕쟁탈전을 벌이는 하나의 거대한 극장이다." 이 극장에서 문재인 정권과 지지자들은 1990년대에 북한 정권이 항일빨치산투쟁 역사를 신성화했던 것과 같이 항일독립운동을 성역화하는 '공연'을 활발하게 무대에 올렸다. 2019년 개봉된 영화 〈봉오동 전투〉는 전설로 내려오던 과장된 전과를 그대로 영화화하였다. 정부는 또한 집권 초기부터 친일청산과 일본인 위안부 보상문제, 징용 배상문제 등을 다시 이슈화하였고 일본상품 불매 운동을 선동하고 '죽창가', '토착왜구' 등 전투적인 수사를 사용하며 역대 그 어느 정권보다도 국민의 반일 감정을 고조시켰다. '독립운동 정신'의 성역화는 일제의 식민통치에 대한 정부의 공식 서사에 반대 되는 일체의 언설을 금지하는 '역사왜곡금지법'의 발의에 의해 완성 된다. 이 법은 유공자들과 후손들에 대한 명예훼손과 모욕까지도 금 지한다. 시민사회의 반발로 '역사왜곡금지법' 안건은 보류되었으나, 그 내용은 표현의 자유와 사상의 자유를 상당히 침해하고 있다.

마지막으로, 항일독립운동을 성스러운 역사로 만드는 이러한 과 정은 최종적으로 문 정부와 그 지지세력의 도덕적 기반을 강화하는 정치적 도구로 사용되었다고 볼 수 있다. 독립운동의 정신은 목숨을 바쳐서라도 의를 추구하는 선비정신이었다. 독립운동 정신을 계승 했다는 핵심 촛불세력은 도덕성을 지배계층의 가장 중요한 조건으 로 부각시키며 현대 한국 사회의 시민들을 '사회적 가치'를 위해 살 아온 민주화 세력과 '물질적 이익'을 위해 살아온 적폐 혹은 기득권 층으로 이분화하였다. 이 이분법에 근거하여 '사회정의'의 실현에 이 바지한다는 명분으로 민주화 운동가들과 그들의 가족에게 특혜를 부여하는 '민주유공자법'을 발의하여 민주화 운동가들을 특권계층으 로 만들고자 하였다. 지나친 '셀프 특혜'라는 반대 여론에 부딪혀 법률 제정을 철회했지만, 이러한 입법 제안은 '군자'와 '소인'을 구분하고 '군자'가 '소인'을 지배하는 양반사회의 논리를 그대로 이어받은 운동권 세력의 특권의식을 잘 보여주고 있다.

맺는말

친일청산을 둘러싸고 한국 사회가 겪는 갈등의 중심에는 '누가 도덕적으로 우월한가'라는 물음이 있다. 이 질문은 또한 '현대 한국 사회의 양반은 누구인가'의 문제이기도 하다. 제도로서의 양반체제는 조선의 멸망과 함께 사라졌어도 사회의 '지도층'이 국민을 '지도'할 만큼 도덕적으로 우월한 사람들이어야 한다는 문화적 정서는 그대로 한국 사회에 강건하게 살아 있다.

운동권 정부는 불의와 타협하지 않고 일제와 싸운 독립운동가의 후손, 그리고 독립운동의 정신을 이어받은 촛불정권과 민주화 세력이 지도층이 되어야 한다고 주장한다. '사회적 가치'와 '사회정의'를 위해 살아온 그들에게 '민주화'와 '친일청산'은 무너진 정의, 무너진 가치관을 다시 일으켜 세워 '나쁜 놈'을 응징하고 착한 사람은 예우하는 권선징악적 도덕주의를 실천하는 것과 같다.

그러나 그들이 지향하는 '정의로운' 사회, '공정한' 나라, '진정한' 민주국가는 도덕성이 세습되는 불평등한 사회다. 특정한 범주의 조상을 가진 사람들을 우대하거나 배제하는 사회는 평등한 시민사회가 아니다. 그런 사회는 성직자를 절대화하는 종교집단과 마찬가지다. 만약 어느 한 시민이 병들고 가난하게 되었다면 그의 조상이 독립운동가든 친일파든 간에 혹은 살인범이라 하더라도 복지정책의 수혜자가 되어야 한다. 다시 말하면 조상이 누구든 상관없이 모든 시민은 법 앞에 평등한 사회가 현대 시민사회다.

'역사바로세우기'와 과거사 청산에 몰두하는 나라는 사상의 자유, 표현의 자유를 최대한도로 보장하고자 하는 민주사회와 거리가 멀다. 오로지 하나의 역사해석만을 '진실'이라는 이름으로 국민에게 가르치기 위해 문 정부는 반민주적 악법인 '역사왜곡방지법'을 제정하고자 했다. 역사학자들이 다양한 관점에서 조사하고 연구해야 할 과거사를 정권이 바뀔 때마다 끊임없이 재조사하는 사회는 조선시대 양반의 나라와 다르지 않다.

'독립운동 정신'을 계승하겠다는 남한의 '운동권' 정부나 '빨치산 정신'을 끊임없이 재생산하려는 북한의 세습정권이나 비슷하게 역사발전의 물질적이고 경제적인 측면은 무시하고 있다. 독립운동가 김학철이 강조한 '정신의 투쟁'이나 북한이 신성시하는 빨치산 항쟁은 전쟁에서 어떠한 희생을 치르더라도, 굴복하지 않고 끝까지 항전해야 한다는 성리학적 척화론에 바탕을 두고 있다. 구한말 선비들은 '위정척사'를 부르짖으며 짚세기 신고 의병을 일으켰다! 그들에게 정신은 물질보다 중요했다. 그들은 옳은 일을 위해서 목숨을 바쳐야 한다고 믿었다.

마치 기도만 하면 역병을 물리칠 수 있다고 호도하는 중세의 종교 지도자처럼, 북한 정권은 빨치산 정신이 적어도 수십만 명이 굶어 죽은 참혹한 기아에서 북한을 구원할 수 있다고 인민들에게 주입시켰다. 그 결과는 비극적이었다. 전 인민이 하나의 가족이며 어버이 수령의 자식이라고 해놓고 자식들이 굶어 죽는 것을 방치하였다. 권헌익과 정병호가 그들의 책『극장국가 북한』에서 통렬하게 비판했듯이, 북한의 대기근은 도덕경제를 부르짖은 가족국가의 가장 근본적인 도덕적 실패였다.

남한의 운동권 성부 역시 국가의 정통성을 물질적 조건이 아니라 '정신'에서 찾고 있다. 연합군의 승리가 아니라 '독립운동의 정신'이 해방을 가져왔다고 주장한다. 20세기 후반 남한이 이룩한 눈부신 경제발전은 중요한 성취가 아니었다. 이제 불의와 타협했다고 자신들이 그토록 규탄한 '친일적폐세력'이 기반을 닦은 경제적·물질적 그리고 문화적 발전이 세계에서 인정을 받자, 그러한 성취도 다 '독립운동 정신'의 결과라고 강변한다.

그러나 생명을 살리는 것보다 중요한 도덕이 있을까? 특정한 가치관과 도덕을 지키기 위해 수많은 인명이 희생되는 것을 감수해야 한다면 그런 도덕이 무슨 의미가 있을까? 이를테면 전시하에서 최선을 다해 싸워도 아군 병사들이 전멸하고 수많은 민간인들이 희생되는 상황에 놓이게 되면 지휘관은 항복하는 것을 고려할 수 있다.

이때 항복한 것이 불의의 역사이며 후세에게 도덕적 심판을 받아야 하나? 전쟁을 수행할 물자가 턱없이 부족한 상황에서 자신을 방어할 무기와 장비도 주지 않고 병사들을 전쟁터로 내모는 것이 도덕일까? 나는 현대 한국인들이 20세기 초 항일무장투쟁 정신을 계승해야 한다고 생각하지 않는다. 그 당시의 무장항쟁을 찬양하는 것은 일본 군국주의의 가미카제 특공대를 찬양하는 것이나 마찬가지로 보인다. 무장독립운동은 선이고 친일은 악이라고, 단순히 이분화하는 것에 반대한다.

생명을 버리면서까지 '의'를 실천하길 요구하는 성리학적 가치관은 궁극적으로 생명과 인권을 중히 여길 리 만무하다. 인민들이 기아에 허덕여도, 재판도 없이 '반동분자'들을 정치범 수용소에 가두어도, 북한 정권의 도덕성을 판단하는 데 중요하지 않다고 여긴다. 우리 사회의 '좌파' 혹은 운동권의 관점에서 집필된 국사 교과서들이 최소 수십만에서 수백만이 굶어 죽은 북한의 대기근과 세계 최악의 인권문제에 대해 언급조차 안 하는 것은 전혀 놀랍지 않다. '통일의 꽃' 임수경이 탈북자들을 '변절자'로 매도했던 것도 정신을 물질보다 우위에 두는 운동권의 관점에서는 당연하다. 굶어 죽어도 '의'를 취해야 한다는 척화파에게 배고프지 않은 삶을 택하는 탈북자들은 물질적 이익에 굴복하고 자기 사회를 떠난 사람들이기 때문이다. 살겠다고 일제에 저항하지 않은 친일파나 굶주리지 않겠다고 국경선을 넘은 사람들이나 비슷하게 '변절자'들인 것이다. 우리 사회에서 소위 '진보'를 자처하는 정치세력의 역사의식에서 오히려 백성의 생명을 경시했던 조선시대 척화파의 전근대적인 도덕적 역사관을 보게 되는 것이 역설적이다.

토마스 홉스의 '자연'과 유교적 경제관

영국의 계몽주의 철학자 토마스 홉스는 명저 『리바이어던』에서 국가라는 제도 없이 인간이 자연의 상태에서 살게 될 때의 비참함에 대해 설명한다.[39] 홉스에 따르면 법이 없는 자연 상태에서는 모든 인간이 서로 적이 되어 싸우는 '만인 대 만인의 투쟁the war of all against all' 상황, 즉 전쟁 상태에 놓이게 된다. 이러한 조건에서는 어떤 삶을 살게 될까?

"산업이 없다. 산업의 결실이 있을지, 없을지 불확실하기 때문이다. 산업이 없으면 지구상에 문화도 없다. 항해도 없다. 항해를 통해 수입하게 되는 상품도 없을 것이다. 널찍한 건축물도 없다. 동력을 사용하여 물건을 움직이게 하는 도구들도 없을 것이다. 지구가 어떻게 생겼는지에 관한 지식도 없다. 시간을 계산하는 방법도, 예술도 없다. 문자도 없을 것이다. 사회도 없다. 무엇보다 가장 나쁜 것은 폭력적인 죽음을 당할 것이라는 끊임없는 두려움과 위험이다. 인간의 삶은 고독하고 가난하고 비루하고 잔인하고 단명하게 된다.”(필자 번역)

'만인 대 만인의 투쟁' 상황에서 인간이 누리지 못하게 된다고 홉스가 열거한 항목은 대체로 우리에게 물질적인 생활의 편리함을 주는 것들이다. 산업과 그 결과물들, 즉 필요한 상품을 공급해주는 외국과의 교역, 과학적 지식과 도구를 만드는 기술 그리고 일상적인 사회생활을 가능하게 하고 풍요롭게 하는 문화와 예술, 문자, 친교 등이다. 나아가 그런 전쟁 상태에서 가장 나쁜 점은 언제 어떻게 죽임을 당할지도 모르는 위험과 공포심에 사로잡혀 살게 되는 것이라고 홉스는 지적한다. 그 결과 국가 없는 인간의 삶은 “고독하고 가난하고 비루하고 잔인하며 단명하게 된다solitary, poor, nasty, brutish, and short”고 홉스는 단언한다. 홉스의 이러한 국가관은 서구의 근대사상이 산업을 발전시키고 교역을 활발히 하여 물질적인 생활을 개선하고 이익을 추구하는 것을 얼마나 당연하게 생각했는지 잘 보여준다. 그런 활동이 없다는 것은 문명의 혜택을 입지 못하는 자연 상태에서의 야만적 삶을 뜻했다.

홉스는 1588년에서 1679년까지 살았던 영국의 철학자다. 비슷한 시기 지구의 반대쪽에 있던 조선은 임진왜란과 병자호란을 겪었고, 향촌사회에서는 양반이 지배세력으로 확고하게 자리 잡아 유교적 사회풍속이 점차 민간사회에 뿌리를 내리기 시작했다. 만약 비슷한 시기에 조선의 어느 한 유학자가 홉스의 글을 읽었다면 뭐라고 생각했을까? 당시 조선의 관료계층이었던 양반 유학자들은 산업 활동을 하고 외국과 교역을 하고 생산 기술을 발전시키는 일 등에 전혀 관심이 없었다.

유교적 경제관에 따르면 물질에 대한 욕구는 사람 사이에 갈등을 일으키기 때문에 악의 원인이 될 수 있어 경계하여야 한다.[40] 교역을 통하여 물질적 이익을 추구하는 것을 방임하면 부를 축적하는 사람 때문에 누군가 가난해지고, 이는 필연적으로 사람들 간에 갈등과 다툼을 가져와 공동체의 안정을 해치게 된다는 것이다. 개인의 물질적 이익의 추구가 빚어내는 이러한 갈등을 서양의 근대국가론이 법제를 통해 해결하고자 했다면, 유교 이념은 물질을 소유하고자 하는 욕망을 억제하고 '의리'를 추구하는 도덕심을 함양하여 '균분'과 '안정'을 도모하고자 했다. '안빈낙도'라 하여 비록 가난해도 '도'를 닦고 즐기는 것을 부에 대한 이상적인 태도라고 여겼다. 따라서 유교에서는 경제성장이나 부를 축적하여 물질적으로 더 나은 삶을 추구하는 것을 바람직하게 보지 않았다. 공자가 "적은 것을 걱정하지 않고 고르지 않은 것을 걱정하며, 가난한 것을 걱정하지 않고 안정되지 못한 것을 걱정한다"고 말했듯이, 가난해도 빈부의 차이가 없는 '균분'과 '안정'을 이루는 것이 더 중요했다.

조선은 원조 유교국가인 중국보다도 훨씬 물질적 이익의 추구와 산업 활동을 억압하였다. 성리학을 통치 이념으로 택한 양반사회가 균분과 안정이라는 유교적 이상을 실현하는 데 더 천착했기 때문이다. 특히 사림파가 향권을 장악하는 조선 후기에 들어가면서 상공업 억압 정책은 심화되었고 장인들과 상인들의 사회적 지위 또한 중국에 비해 아주 낮아졌다. 그들은 대개 관노비이거나 천민이었으며 조선 정부는 그들의 기술과 노동을 천시하였고 상공업 활동을 엄격히 통제하였다. 집권층은 농민들이 돈을 벌기 위해 보시에서 이탈해 장사하는 것을 막고 농사에 힘쓰게 하려면 상업을 억제해야 한다고 생각했다.[41] 또한 장인에게는 잡다한 부역노동이 강제되었고 과중한 장세匠稅가 부과되었다. 이러한 조건에서 장인들의 생산의욕은 극도로 낮아졌고 상품을 유통시키기 위한 생산체제가 형성되지 못했으며 많은 분야에서 장인의 기술 수준은 조선 후기에 오히려 쇠퇴하였다.[42] 반면에 명·청 대 중국의 사대부 계층은 상공업에 자유로이 종사했고, 상공인으로서의 경력이 과거시험을 보고 관직자가 되는 데 아무 장애가 되지 않았다.

'아무개 자손'과 중국의 '입향조'

조선시대 양반에 대한 대중적 담론에서 가난한 양반을 지위가 낮은 몰락한 양반으로 취급하는 것을 흔히 볼 수 있는데, 이는 양반에 대한 잘못된 상식이다. 향촌사회에서 선비들이 양반을 품정하는 데 있어 '부'는 중요한 기준이 되지 못했다. 아무리 가난해도 유학자나 관직자로서 가문의 이름을 널리 알린 조상이 있으면 당당하게 양반으로 행세했고, 또 양반으로 대우받을 수 있었다. 안동 지역의 친족집단에 대해 연구한 인류학자 송선희[43]는 일반 상민들보다 훨씬 가난해도 지역사회에서 인정받는 양반 집안들은 많았으며, 아무리 부자라도 내세울 조상이 없으면 그 지역의 가난한 양반들과 동등한 관계를 갖지 못했다고 보고하고 있다. 부자라는 사실만으로 지배계층이 되는 것은 조선 후기 양반사회에서 불가능했다.

조선 후기에 '아무개 자손'이라는 양반 부계친족집단인 '파'가 형성되고 분파되는 과정에서도 공동재산을 조성하는 것은 중요한 역할을 하지 못했다. 아주 뛰어난 유학자나 관직자로 인정받은 조상은 사후에 4대가 지나면 국왕 또는 지역 유림으로부터 '불천지위'라는 영원히 제사를 받는 자격을 부여받았는데, 그의 후손들은 언제나 독립된 '파'로 인정받았다. 불천위 조상 이외에도 명망 높은 조상은 후손들이 가난해도 언제나 위토位土, 즉 제사 비용을 부담하기 위한 공동재산이 마련되었다. 이는 뛰어난 조상이라고 먼저 지역 공동체에서 인정받았기 때문이지, 위토가 있기 때문에 후손들이 함께 모여 제사를 지내는 것은 아니었다. 학문과 덕행으로 유명한 유학자의 경우에는 그를 흠모하는 사람들이 학계나 문계를 만들어 그 사람 생전에 위토를 마련하는 일을 시작하였다.[44]

'아무개 자손'이라는 양반종족이 사회적 평판과 명성을 중심으로 형성되고 분파되는 과정은 공동재산을 중심으로 조직되는 중국(주로 동남부)의 부계친족집단과 대조적이다. 조선과 달리 명·청 대 중국에서는 자손들이 대대로 지내오는 지역에 가장 먼저 정착하여 경제적 기반을 닦아놓은 입향조入鄕祖에게 제사를 지내기 위해 출자하여 공동재산을 마련할 때 부계친족집단이 만들어졌다. 자손들은 공동재산에서 나오는 수익금으로 입향조에게 제사를 지내고, 남은 수익금은 출자한 금액의 비율에 따라 분배하였다. 공동재산에 출자하지 못한 후손은 제사에 참여하지 못하고 수익금을 분배받지 못했다. 그래서 중국의 부계친족집단을 일종의 '주식회사'로 보는 학자들도 있다.[45]

공동재산이 많을 경우에는 그의 신주를 모시는 조묘祖廟를 세웠다. 입향조 이외에도 특정 조상이 공동재산을 남길 경우에는 조묘를 건립하고 남은 재산의 수익금으로 제사를 지내고 나머지는 후손들에게 나눠줬다. 세대가 지나면서 자손들 사이에 빈부 차이가 생기고 잘사는 후손들이 자신들만의 조상을 위해 공동재산을 장만하게 되면 그 조상의 후손만으로 이루어지는 분파가 갈라져 나간다. 중국의 부계친족집단의 조묘와 공동재산은 후손들의 사회경제적 지위와 위세를 보여주며 그들의 실제 생활에도 많은 경제적 도움이 되었다. 다시 말하면, 조상의 명성이나 그에 대한 지역사회의 평가는 중국의 친족집단이 형성되는 데 중요한 역할을 하지 않았다. 실생활에서 사람들은 서로를 유명한 조상 아무개의 몇 대손이라고 인지하거나 구분하지 않았다.[46]

일하지 않는 양반

중국인들은 재산을 남겨야 후손들로부터 제사를 받기 때문에 당연히 경제활동에 매진해야 했다. 가난한 사람이 고향을 떠나 객지에 가서 열심히 일하여 재산을 모으고 지방호족으로 성장하는 이야기는 중국 문화에서 인기 있는 성공 스토리였다.[47] 중국 족보에도 너무 가난해서 공부를 못 하고 대신 장사를 하여 돈을 많이 벌었다는 기사나, 공부를 포기하고 사업을 하였는데 부자가 되어 사회사업을 했다는 기사들을 볼 수 있다.[48] 그러나 한국 족보에 그러한 내력을 밝힌다는 것은 20세기 초까지만 해도 있을 수 없는 일이었다.

조선 후기 양반들은 향촌사회에서 양반답게 행실을 바르게 하고 산다는 평판을 얻기 위하여, 부를 축적하는 데 필요한 일체의 경제활동을 멀리하였다. 우선 양반에게 상공업 활동은 금기시되었다. 아무리 가난해도 천시받는 장사를 하거나 장인이 되면 문중에서 쫓겨나기도 하였다. 일제하 서울 지역의 아동기에 대한 한 연구는 조사 대상 가운데 집안이 양반에서 중인으로 하락한 사례를 보고하였다.[49] 신분 하락의 이유는 증조부가 왕실의 예복을 만들고 금박을 입히는 일을 했는데 경주 김씨 종중에서 '쟁이'로 가문을 망신시킨다고 하여 족보에서 제외시켰기 때문이었다. 이 집안은 한일병합 이후에도 이씨 왕가의 예식 때 복식을 만들고 금박을 하는 일을 담당했다.

또한 재지양반(지방의 양반층)들은 교역이나 행정의 중심지에서 멀리 떨어진 촌락에서 세거하였다. 고려시대 지방사회의 실세였다고 할 수 있는 이족이 권위가 있는 읍에서 거주했던 것과도 비교된다. 조선 후기 안동의 일부 아전들이 양반으로 계층상승하기 위해 가장 먼저 한 일은 읍에서 촌으로 이주하는 것이었다.[50] 그리고 촌에서 대대로 유학을 공부하고 예를 갖추며 거주함으로써 이들 아전 집안은 안동 지역에서는 양반으로 인정받았다. 이들을 '퇴촌 아전'이라 부르기도 하는데 '퇴촌'은 물질적인 이익을 추구하는 속세에서 벗어나 학문과 덕행을 실천하는 선비로 고고하게 살겠다는 의지를 지역 사회에 천명하는 행위였다. 안동의 의성 김씨 청계파를 연구한 문옥표·김광억은 청계파 종가가 자리 잡은 촌락의 수려한 경치를 다음과 같이 서술한다.[51]

"특히 임하에서 반변천을 따라 지례에 이르는 지역은 청계가 개척

한 이른바 의성 김씨들의 세계다. 산수가 수려하고 세속과 떨어져 있는 그윽한 곳으로 선경에 온 듯한 기분을 자아내 그들에게는 세속적 욕심을 벗어나 고결한 학문세계에 몰두하면서 도학정신을 함양하는 공간으로서의 의미를 지닌다."

세속과 떨어져 있는 듯이 보이는 동족 마을의 이러한 고립적 위치는 아마도 양반 종족의 도덕적 권위를 유지시키는 데 일조했을 것이다.[52]

양반들이 산골 촌에서 유유자적 살았다는 것은 그만큼 그들의 경제적 기반이 농업에 있었으며, 필요한 물품을 시장에 의존하지 않고 거의 자체 조달하는 자급자족적 생활을 했다는 것을 뜻한다. 즉 조선 후기 미약했던 상공업이나 도시 발달의 수준을 보여준다고 할 수 있다. 교역이나 행정의 중심지로부터 멀리 떨어져 살았던 조선의 양반들은 비슷한 시기 중국의 사대부 계층이나 일본의 사무라이 계층과 대조적이다. 일찍이 상공업이 발달했던 일본의 경우, 도쿠가와 시대(1600~1868) 사무라이 계층은 생산 활동에 종사하는 것과 농촌 거주가 법적으로 금지되었고 도시의 소비계층으로 존재하였다. 중국의 명·청 대 사대부 계층도 대부분 부재지주로서 도시에 살았다.[53]

부자가 되기 위한 경제활동이 천대받는 일이었다고 해서 일상생활에서 부자가 되기를 원하지 않았던 것은 아니다. '부귀영화'라는 말도 있듯이 부자가 되는 것은 신분에 관계없이 누구나 간절히 소망

하던 '복'이었다. 전래동화『흥부전』에는 부에 대한 전통적 인식이 잘 나타나 있다.『흥부전』에서 볼 수 있듯이 부는 열심히 노력하여 획득하게 되는 것이 아니다. 현실 사회에서 부는 탐욕스러운 놀부처럼 남의 것을 뺏어서 축적되며, 흥부처럼 다른 사람을 잘 도와주는 착한 사람은 가난하게 산다는 인식이 확고하게 나타나 있다. 동시에 착한 사람이 부자로 잘살아야 하고 욕심 많은 사람은 벌을 받아야 한다는 부에 대한 도덕적 관념이 잘 드러나 있다.『허생전』에도 매점매석을 통해서 허생원이 돈을 버는 이야기가 나오는데, 정직하고 성실하게 일해서는 큰돈을 벌 수 없다는 인식이 반영되었다고 할 수 있다.

소선 후기에 양반이 징딩하게 부를 축적할 수 있는 방법은 관지자가 되는 길밖에 없었다. 가난한 선비가 열심히 공부하여 과거에 급제하고 관료가 되는 것이 가문과 문중의 사회경제적 기반을 닦는 길이었다. 그러나 후기로 올수록 관직의 수는 한정된 반면, 유학을 공부하는 사람은 많아지면서 재지양반이 관직에 진출하기가 점점 더 어려워졌다. 관료 후보가 되기 위한 과거시험은 경쟁이 치열해졌으며 50세가 넘어서까지 과거시험에 응시하는 사람들도 적지 않았다.[54] 문과 급제자의 수는 매년 평균 30명 정도였으나 응시자가 가장 많았던 고종 16년(1879년) 문과 응시자의 수는 213,500명이었다.[55] 또한 관직을 얻었다 하더라도 재임 기간이 짧았다. 지방관인 수령의 임기는 5년으로『경국대전』에 정해져 있었지만 실제로는 1년 미만인 경우가 많았으며 때로는 3~4개월 만에 갈리는 수령도 적지 않았다.[56]

다른 관직도 이와 다르지 않았을 것이다.

짧은 재임 기간에 관직자들은 '무사안일'과 '부정부패'의 유혹에 쉽게 노출되었을 것이라 생각한다. 예컨대 조선 후기 최대 악정의 하나였던 '환곡還穀' 제도의 운영을 맡은 수령들은 얼마든지 마음만 먹으면 부정한 방법으로 이익을 취할 수 있었다. 다산 정약용은 『목민심서』호전戶典 환곡조還穀條에서 수령들이 부정으로 환곡을 착복하는 방법 6가지, 서리胥吏들이 착복하는 방법 12가지를 설명하고 있다.[57]

노동을 천시했을 뿐만 아니라 반평생 이상을 과거 급제하기 위해 학문을 닦으며 보내야 했던 조선 후기 양반들은 충분히 자작할 수 있는 농지도 머슴을 고용하여 농사를 짓거나 소작을 주어 지대에 의존하며 살았던 것으로 보인다. 지방에 선조들에게서 물려받은 땅이 있어도 직접 농사짓지 않고 서울에서 가난한 선비의 삶을 사는 명문세족들도 많았다. 물론 아주 가난한 양반들은 일반 상민처럼 자기 손으로 농사를 지을 수밖에 없었겠지만, 노비나 머슴을 쓰지 않고 직접 농사짓는 양반은 경시당하는 것이 보통이었다. 따라서 소작은 주로 같은 문중이 아닌 사람에게 맡겼고 종중 소유의 묘지, 삼림, 건축물, 위토 등을 관리하거나 경작하는 일도 마찬가지로 종족이 아닌 사람에게 맡겼다.[58] 중국에서는 반대로 형편이 어려운 같은 종족에게 우선적으로 소작권을 주는 것이 관습이었다.[59]

영국의 여행가 이사벨라 비숍Isabella Bird Bishop은 구한말 양반이 어

떻게 노동도 하지 않고 사회의 '기생충'처럼 살고 있는지 아래와 같이 기술했다.[60]

"그들(양반)은 생업을 위해서는 일을 하지 말아야 하고 친척들에 의해 부양받는 것도 전혀 수치스러운 일이 되지 않으며, 일부는 아내가 바느질과 빨래로 남몰래 일하여 먹고사는 사람도 있다는 것이다. 양반은 담뱃대조차 자기가 가져오지 않는다. 이 기생충이나 다를 바 없는 계급은 여행할 때 (…) 하인이 인도하는 말을 타며, 절대로 남에게 도움을 주지 않는다는 것이 전통적인 관습이다. 그의 하인은 백성들을 윽박지르고 위협하여 닭과 달걀을 돈도 주지 않고 빼앗아 온다."

일체의 경제활동과 노동을 회피했던 양반들의 생활은 조선 후기로 올수록 궁핍해졌을 것으로 추정된다. 특히 17~18세기에 기근이 자주 있었는데 관직에 있었던 양반들도 비축해둔 재산이 없으면 굶어 죽을 수밖에 없었다.[61] 『조선왕조실록』에는 심한 흉년에 일반 상민과 마찬가지로 아사한 가난한 양반들에 대한 기록이 있다. 양반사회는 성리학의 도덕적 명분론에 빠져 기근과 같이 매년 지속적으로 일어났던 국가적 재난에 속수무책이었다. 자연재해가 닥치면 국왕은 근신하고 굶주린 백성들에게 휼곡恤穀을 나누어주는 정도의 대책밖에 없었다. 그러나 매년 기근이 거듭되면서 국가재정이 고갈되어

흉곡마저도 줄 수 없는 지경에 이르게 된다. 이와 대조적으로 중국의 사대부 계층은 효율적이고 다양한 방법으로 기근에 대처했다고 사학자 전경목은 지적한다.[62]

　요약하면 조선 후기 지배계층은 물질적 이익을 추구하는 것을 경계하고 균분과 안정을 강조했던 유교적 경제관에 따라 농업 이외의 산업 활동을 극도로 억압하고 천시하였다. 후손에게 경제적 기반을 마련해주고 물질적 생활을 개선해준 이는 양반이 숭배하는 뛰어난 조상 중에 끼지 못했다. 양반이 자신들의 세거지에 처음으로 이주하여 후손들을 잘살게 해준 입향조를 시조로 받드는 일은 드물었다. 이 점이 비슷한 유교 문화를 가진 중국과 다른 점이었다. 나아가 일체의 경제활동을 천시하고 멀리한 양반 문화는 종국에는 나라 전체를 가난으로 몰아넣었다. 19세기 후반이 되면 조선은 국권을 유지할 아무런 경제적·군사적 힘도 남아 있지 않았다. 조선 말기의 사회는 홉스가 상상했던 국가 없는 '자연'의 상태에 가까웠다고 생각된다. 산업이 거의 없었고, 항해도 없었으며, 상품도 별로 없었다. 많은 사람이 들어갈 거대한 건축물도 없었으며, 사람들은 지구가 어떻게 생겼는지 몰랐고, 바퀴를 사용하는 교통수단도 없었다.

농업경영인으로서의 조선 전기 양반

부를 멀리하고 일체의 경제활동에서 물러나 글공부에 전념하는 '청빈한' 선비의 이미지는 조선 후기의 문화적 산물이다. 조선시대 전기였던 15~16세기 그리고 17세기 중반까지도 재지양반층은 농장을 효율적으로 운영하여 재산을 증식하는 것을 부끄러워하지 않았다. 그들은 노비의 노동력을 이용하여 농장을 직접 경영하였다. 농지를 경작하는 일은 노비가 하였지만 밭갈이, 파종, 수확에 이르는 전 과정을 계획하는 일은 농장의 주인인 양반이 하였음을 당시 양반층이 남긴 일기나 편지를 읽으면 알 수 있다. 그들은 경영인으로서 농사일을 하는 노비들을 감독, 지휘하였고 멀리 사는 외방 노비에게서 신공을 받아내는 일도 대부분 노비를 대동하고 직접 하였다.

농장의 경영인으로서 조선 전기 재지양반은 농업기술에 큰 관심을 가졌다.[63] 그들은 세종 때 간행된 농서『농사직설』의 농법을 익히고 더욱 발전시켰다. 예컨대 1619년에 민간인 고상안이 경상도 지역의 농법에 대해 저술한『농가월령』은『농사직설』에서 비중 있게 다루어지지 않았던 '묘종법'을 상세히 소개하고 있다. 묘종법은 모내기법, 이앙법, 혹은 삽종법이라고도 하는데 볍씨를 모판에 뿌리고 어느 정도 키워서 논에 옮겨 심는 방법이다. 제대로 하면 수확량이 훨씬 많지만 가뭄이 들어 모내기 때 충분한 물이 공급되지 않으면 수확에 실패하기 때문에『농사직설』에서는 별로 권장하지 않았던 기술이다.

거의 2세기가 지난 후에 자세히 농서에서 소개되고 있다는 것은, 당시 적어도 경상도 지역에서는 벼농사에 있어서 모내기법을 많이 활용하였음을 보여준다.

또한 모내기 시기에 많은 물이 필요한 농사기술이 널리 보급되었다는 것은 수리·관개시설도 함께 확충되었음을 의미한다. 재지양반들은 자신들이 정착한 지역의 하천을 막아 수로를 통하여 하천수를 논에 끌어들이는 '보'를 축조하는 데 적극적으로 나섰다. 나아가 수리·관개시설을 개선하면서 그들은 많은 황무지를 개간하여 농지를 늘리는 일에 뛰어들었다. 세종이 간행한 『농사직설』은 농법 이외에도 황무지를 개간하는 법을 자세히 소개하고 있다. 이는 조선 전기에 정부가 적극적으로 황무지를 개간하여 농지를 확장하는 것을 권장하였음을 보여준다. 실제로 당시 관에서는 '입안·절수'라 하여 일정 지역 내의 토지를 개간하는 조건으로 소유권을 개간한 자에게 부여하였다. 그 결과 조선 전기에는 경지면적이 획기적으로 증가한 것을 볼 수 있는데 미야지마 히로시는 안동 지역에서 16~17세기 동안에 농지가 1.5배 정도로 늘었다고 추정하고 있다.[64] 17세기는 임진왜란, 병자호란 때문에 황폐화된 국토가 복원되었던 시기였던 것을 감안하면 경지면적의 확대는 주로 1500년대에 이루어졌을 것이다.

많은 양반 문중이 보관해온 고문서들은 16~17세기에 문중의 선조들이 저수지나 보를 축조하는 데 상당한 지식과 기술을 갖고 있었으며 '축보개간(보를 쌓고 황무지를 개간하는 것)'을 통하여 대농장을 경영했음을 보여준다. 안동의 의성 김씨의 파시조인 청계는 퇴계와 동시대를 살았는데, 조상으로부터 분급받은 토지 이외에 개간과 개척을 통해 엄청나게 많은 토지를 늘려 문중의 경제적 기반을 닦았다.[65] 안동의 유곡에 세거한 안동 권씨의 입향조이며 현조였던 권벌과 그의 자손,[66] 그리고 사학자 전경목이 연구한 전라남도 부안 우반동의 부안 김씨 선조들도 16세기에 비슷한 방법으로 경작지를 늘려 곳곳에 대농장을 경영하였다.[67]

내륙 지방의 축보개간 이외에 조선 전기에는 해안지역에서도 간척을 통한 경지개발이 활발하게 진행되었다. 전라남도 해남의 연동에 세거했던 해남 윤씨 집안은 해안지역에 집중적으로 간척사업을 벌여 광대한 농지를 개발하였다. 이외에도 서울이나 지방의 유력한 양반들은 자금을 대고 노비와 일반 농민을 동원하여 연안지역을 간척해 막대한 농지를 조성할 수 있었다.

조선 전기에 재지양반이 농지개발을 하고 대농장을 직접 경영했던 것은 많은 수의 노비를 동원할 수 있었기 때문이다. 당시 양반가에서 일상생활에 쓰이는 물품들은 대부분 노비들이 생산하여 공급하거나 혹은 멀리 사는 노비로부터의 신공으로 조달하였다. 임진왜란 때 지방에서 피난살이를 했던 오희문이 남긴 일기 『쇄미록』에는 노비들이 '게으르고', '속이고', '훔치는' 것에 대한 오희문의 불만과 분노가 자주 등장한다. 그는 도망간 노비를 잡아들여 관가에 인도하기 전 사적으로 태형을 가하여 관아에 압송된 그 노비가 얼마 못 있어 사망에 이르도록 한 적도 있다.

　노비의 노동력을 이용하여 개간하고 간척하여 농지를 확장하는 일은 18세기에 들어서면 거의 끝나게 된다. 전라도, 충청도, 경상도의 경우 1718~1720년에 있었던 토지조사에서 드러난 경지면적이 조선이 망할 때까지 거의 변하지 않았다. 이를 반영하듯, 18세기에 들어오면 대부분 양반 가문의 토지 소유 규모 역시 변화가 없거나 줄어드는 경향을 분재기를 통해 알 수 있다. 또한 재지양반층은 농지의 대부분을 직영하지 않고 소작을 주어 지대에 의존하여 사는 지주로 변모하였다. 그들은 과거 급제하여 관직을 얻고자 40~50세가 넘어서까지 과거시험을 준비하며 살았다. 노비를 이용하여 새로운 농업기술을 적용하고, 수리시설을 만들고, 황무지를 개간하고, 해안지역을 간척했던 농업경영자로서 양반의 모습은 조선 후기에 사라져 갔다.

유교적 평등경제와 '한정된 재화의 이미지'

"우리는 마음껏 이익을 추구할 자유가 있지만, 남이 몫을 빼앗을 자유는 갖고 있지 않습니다. 우리는 이웃이 함께 잘살아야 내 가게도 잘된다는 평범한 진리를 너무나 잘 알고 있습니다. 지속가능하고 보다 평등한 경제는 제도의 민주주의를 넘어 우리가 반드시 성취해야 할 실질적 민주주의입니다."(문재인 대통령의 2020년 6·10 민주항쟁 기념사에서)

"특권과 반칙에 기반한 강자의 욕망을 절제시키고 약자의 삶을 보듬는 억강부약정치로 모두 함께 잘사는 대동세상을 향해 가야 합니다."(이재명 대통령 후보 선언문에서)

'평등경제'와 '대동세상'은 문재인 정권과 그 지지자들이 가진 유교적 경제관의 핵심을 콕 집어낸다. 앞에서 언급했듯이 조선 양반들이 실현하고자 했던 사회도 빈부격차가 없는, 모두가 고르게 잘사는 농민사회였다. 양반 유학자들은 이 사회에 존재하는 재화는 한정되어 있어 한 사람이 부자가 되는 것은 다른 사람이 가난해지는 것이라고 믿었다. 아무리 열심히 일하여 막대한 부를 축적했다 하여도 그 사실만으로는 나라와 사회에 큰 공헌을 하였다고 인정받지 못했으며, 지역사회에서 절대로 '양반'이라는 지위를 부여받지 못했다.

성장보다 균분과 안정을 강조하고 부의 축적을 죄악시한 양반사회의 경제관은 산업화된 한국 사회의 많은 '민주화' 운동가들에 의해 계승되어왔다고 보인다. 집권층의 도덕성을 강조하며 자신의 정부가 '문민정부'임을 내세웠던 김영삼은 부의 축적 자체를 부정적으로 보았다. 그는 취임 초기 "가진 것이 고통이 되게" 하겠다고 공언하였다. 돈 있는 자가 권력까지 잡으면 안 된다는 그의 논리는 상공인들의 정치참여를 불가능하게 했던 조선의 반자본주의적 부의 개념을 상기시켰다.

특히 문재인 정부는 빈부격차와 부의 세습을 한국 사회가 해결해야 할 수많은 문제 중에서 가장 중요한 현안으로 부상시켰다. '이익공유제', '사회적 기업 만들기', 부동산 '투기'를 응징하는 '임대차 3법' 등 개인이 이익을 추구하고 부를 축적하는 일상적 행위까지 지나치게 억압하는 반자본주의적 정책에는 부의 균등한 분배를 가장 우선시하는 유교적 경제관이 깊이 반영되어 있다. 그렇다면 경제적으로 평등한 사회는 사람이 살기 좋은 사회인가?

　철두철미하게 유교적인 양반사회의 경제관은 사실 대부분의 전통적인 농민사회에서 볼 수 있는 '한정된 재화의 이미지the image of limited good'와 비슷하다. 많은 농민사회에서 부를 쌓는 일은 시기와 질투의 대상이었다. 인류학자 조지 포스터George M. Foster는 멕시코의 농민사회를 연구하며 한정된 재화의 이미지라는 개념을 활용하여 전근대적 농민사회에서 공통으로 볼 수 있는 사람들의 행동패턴을 설명하고자 하였다. 포스터의 연구에 따르면 농민들은 사회에서 생산되고 유통되는 모든 재화들(경제적인 것뿐만 아니라 명예, 건강이나 사랑과 같은 모든 좋은 것을 포함)은 한정되어 있다고 보았다.[68]

　재화가 한정되어 있는 공동체에서 누군가 부자가 되는 것은 그만큼 다른 누군가가 가난해지는 것이 된다. 문 대통령이 말했듯이 "남의 몫을 빼앗는" 것이다. 재화의 총량은 증식될 수 없기 때문이다. 농사를 짓는 땅은 더 늘릴 수 없이 고정되어 있는 것이며 혁신적인 농사기술이나 농기계, 화학비료도 없다. 내가 일군 땅은 작년에 소출한 만큼만 생산해낼 것이다. 따라서 농민들의 눈에는 어떤 사람이 더 잘살게 되는 것은 오로지 다른 사람의 몫을 빼앗을 때 가능하다. 한정된 재화의 이미지를 가진 농민들에게 있어 열심히 일하고 절약하여 먹고 남은 잉여생산물로 자본을 축적한다는 것은 누군가에게 피해를 주는 일이다. 그러나 누구인지는 정확히 알 수 없기 때문에 막연히 공동체 전체에 해를 끼치는 일이라고 여겨진다.

이런 사회에서 사람들이 열심히 일하게 되지 않는 것은 너무나 당연하다. 농민들은 굳이 부지런히 일하고 노력하여 가난으로부터 탈출하고자 하지 않는다. 그들은 단지 먹고살 만큼만 일할 뿐이다. 따라서 전통적인 농민경제는 시장경제로 발전하지 못하고 자급자족적인 생계경제subsistence economy의 단계에 머무른다. 이윤을 극대화하지 않으려는 농민의 이 '게으름'은 그들이 보기에는 지극히 합리적인 결정이다. 더 노동을 해봤자 별로 생산량이 늘지도 않을뿐더러 약간 더 수익이 늘어난다 해도 다른 사람들로부터 의혹의 눈길을 받을 뿐이다. 대신 가족이나 개인들은 한정된 재화를 놓고 끊임없이 서로 경쟁하는 위치에 놓이게 된다. 누가 조금이라도 더 가지고 가지는 않는지 서로 감시하고 의심하게 된다. 누군가 좀 더 생활이 개선되고 잘 살게 될 때 사람들은 가십이나 험담 등을 통하여 시기하며 질투한다. 그가 열심히 일하는 '의도'를 의심하고 비방한다. 당연히 사람들은 공동체의 여론에 극도로 신경 쓰게 되는데 이는 대부분의 농민사회에서 볼 수 있는 현상이다.

그래서 농민들은 혹시라도 생활 조건이 나아지면 다른 사람으로부터 의심받지 않기 위하여 정당하게 번 돈도 없는 척 감추게 된다. 또한 누군가 부자가 되면 공동체가 가진 자와 가지지 못한 자로 나뉘는 것을 막기 위하여 그에게 비용이 많이 드는 종교적 축제나 의례의 스폰서가 되게끔 해 빈부의 차이를 줄이도록 한다.

농민사회에서 사회적 비난을 받지 않고 부자가 될 수 있는 방법은 '운'이나 '팔자', 혹은 '신의 은총' 덕분에 복권에 당첨되거나 외국에 사는 친척으로부터 유산을 물려받거나 하는 것밖에 없었다. 또는 해외 이주 노동자가 되거나 하여 외부의 경제적 기회를 이용해 부자가 되는 것은 사회적으로 용인되었다. 이럴 경우 돈을 벌기 위해 공동체를 떠나야 했고, 공동체에 머물면서 노력하여 부자가 될 수 있는 방법은 없었다.

또한 불신이 만연한 농민사회에서 사람들은 공동의 목표를 이루기 위하여 협력하지 않는다. 이는 농민들의 협조를 끌어낼 수 있는 자질을 가진 사람들이 지도자로 나서는 것을 꺼리기 때문이다. 지도자로 나서면 사람들은 이기적인 동기를 가졌다고 의심하고 비난할 것이다. 리더 자리도 한정되어 있다고 보기 때문에 지도자의 자리를 스스로 원한다는 사실만으로도 그는 더는 좋은 사람으로 간주되지 않는다. 그렇기 때문에 괜찮은 사람도 자신의 평판을 보호하기 위하여 공동체의 일에 나서서 어떤 책임을 맡는 일은 피하고자 하게 된다.

조선의 농민사회도 비슷했다. 농사철에 '게으른' 농민들을 다그쳐 생업에 안정적으로 임하도록 하는 것은 중앙에서 임명되어 내려온 지방 수령들이 수행해야 할 중요한 임무였다. 정조 때 경상도의 한 현감은 자기 관내의 동장(면의 장)들에게 내린 한 전령에서 아래와 같이 지시하고 있다.

"앞으로는 첫닭이 울면 각 동장은 북을 치고 혹은 나팔을 불어 동민들의 잠을 깨우게 하라. (…) 앞으로 논밭을 갈고 씨를 뿌려야 할 때가 되면 소와 연장을 서로 빌려주고 빌어 쓰고 하여 모두가 제때에 파종을 끝낼 수 있도록 하라. 만일 동민 중에 출근을 알리는 신호가 나갔는데도 들에 나오지 않거나 또는 들에 나와서 게으름을 피며 논밭 두렁에 누워 있거나 하는 자가 있어 본관이 현장을 돌아다닐 때 발각이 되면 노소 남녀를 막론하고, 그리고 면장까지도 포함하여 그 죄를 다스릴 것이다."[69]

반면에 누군가 돈을 크게 벌었다는 소문이 나면 그 사람은 관아에 끌려가 어떻게 하여 부자가 되었냐고 심문을 당했다고 구한말 외국 여행가들은 여행기에서 보고하고 있다. 19세기 말 한국을 여러 차례 여행했던 영국의 여행가 이사벨라 비숍은 다음과 같이 적고 있다.[70]

"그들(한국인)은 게을러 보인다. 나는 정말로 그렇다고 생각했다. 그러나 그것은 한국인들이 자기 노동으로 획득한 재산이 전혀 보호되지 못하는 체제 아래 살고 있기 때문이다. 이를테면 만일 어떤 사람이 '돈을 번' 것으로 알려지거나, 심지어 사치품인 놋쇠 식기를 샀다고 알려지기만 해도, 근처의 탐욕스러운 관리나 그의 앞잡이로부터 주의를 받게 되거나, 부근의 양반으로부터 대부를 갚도록 독촉당하는 식이었다."

한정된 재화의 이미지를 갖고 평등경제를 지향하는 농민사회에서 농민 특유의 행동패턴은 그들을 가난의 악순환으로부터 벗어나게 하는 경제개발과 성장을 방해한다. 농민들은 자본을 축적할 수가 없으며 이는 많은 개발도상국가가 직면하는 문제다. 잘살고 못사는 것은 운에 달려 있고 팔자소관이라는 운명론적인 세계관, 공동체 수준의 협동을 어렵게 하는 낮은 사회적 신뢰도, 의례에 지나치게 많이 지출하게 하는 허례허식, 잘살고자 하는 열망의 부재 등은 농민으로 하여금 자본을 축적하기 어렵게 하고 지도자와 함께 협력하여 공동체의 문제를 자율적으로 해결하지 못하게 한다.

한국 사회는 1960년대 이래 이러한 빈곤의 악순환에서 탈출하여 산업사회, 도시사회로 도약하였다. 그 성공은 결코 폄하되어서는 안 된다. 한국의 산업화와 경제성장은 '한정된 재화의 이미지'와 그로 인한 '평등경제'가 가져온 전통적인 농민사회의 문제점들을 극복하며 이룬 성과다. 그 과정은 유교적 농민사회의 평등경제에서 벗어나는 과정이기도 하였다. 빈부 차이도 함께 커갔지만 평등경제에서 상정하듯이 한국의 부자들이 남의 몫을 빼앗아 부자가 된 것이 아니다. 한국경제는 세계경제체제의 일부로 편입되었으며 전통적인 농민경제처럼 고립되고 폐쇄되어 있던 경제에서 성공적으로 도약하였다. 당연히 우리 사회에서 생산되고 유통되는 재화가 고정되어 있지도 않다. 그런데 문재인 정부는 '평등경제'를 국가 목표로 내세웠다. 혹시, 우리가 지난 반세기 동안 그렇게 노력해서 벗어난 가난한 평등의 질곡으로 되돌아가자는 것인가?

양반사회와 전문가

아이가 어렸을 때 영어 동화책을 파는 서점에서 미국 초등학교 교과서 하나를 훑어보다 깜짝 놀란 적이 있다. 미국의 수도인 워싱턴 D.C.를 소개하는 글에 수도를 건설할 당시 측량작업을 담당했던 측량기사the surveyor의 이야기가 함께 실려 있었기 때문이다. 오래전 일이라 그 측량기사의 이름이 잘 생각나지 않아 최근에 위키피디아에 워싱턴 D.C.를 검색해보니 그의 이름 앤드루 엘리콧Andrew Ellicott이 언급되어 있었다.

'집단지성'이라고 할 수 있는 위키피디아에 미국의 수도를 건설할 때 참여한 측량기사의 이름이 나와 있다는 것은 그만큼 미국 문화가 기술자 혹은 전문가를 우대하고 있다는 것을 보여준다. 위키피디아에 나온 설명에 따르면 당시에 엘리콧의 측량은 정확하기로 명성이 자자했다. 미국이 개척시대에 주와 주의 경계를 정하고 새로운 도시와 타운을 개발하며 영토를 확장해 나갈 때 그는 많은 측량사업을 지휘하였다. 그가 펜실베이니아 주정부의 토지부 장관Secretary of Land Office직을 맡았을 때 살았던 집은 역사적 장소로 지정되어 있기도 하다.

런던에 갔을 때는 웨스트민스터 사원을 둘러보면서 비슷하게 놀란 적이 있다. 웨스트민스터 사원은 대성당이면서 국가에 기여한 사람들의 무덤이 있는 성스러운 장소다. 그런데 그곳에 영국의 국왕과 귀족, 저명한 정치인, 군인, 과학자, 문인, 음악가, 예술가, 사상가들과 함께 시계공도 묻혀 있었다. 안내문을 보니 그 시계공은 생전에(16세기경) 영국에서 가장 시간이 잘 맞는 시계를 만드는 것으로 유명했다.

한국 사회에서 이렇듯 전문기술자가 대우받는 일은 생각할 수도 없다. 조선 후기도 그렇고 산업화되고 근대화된 현재도 그들이 사회적 존경과 대우를 받고 있다고 말하기는 어렵다. 대통령 관저인 청와대를 디자인한 건축가의 이름은 한글 위키피디아에 언급되어 있지 않다. 특히 문재인 정부 들어서 전문가집단과 겪는 갈등은 과거 어느 정권 때보다 심해지고 있다. 의사들의 파업은 그 한 예라고 할 수 있다.

앞에서 살펴보았듯이 양반사회에서 훌륭한 사람으로 인정받을 수 있는 길은 단 하나밖에 없었다. 과거 급제하여 관직자가 되거나, 관직 없이 '아무개 후손'으로 양반 선비답게 사는 것이 명예를 얻는 유일한 길이었다. 유교적 자아실현은 국가라는 무대에서 관직자로 혹은 준관직자라고 할 수 있는 유학자로 '의롭게' 살아감으로써 역사에 이름을 남기는 것이었으며, 이를 한마디로 '입신양명'이라 하였다. 그리고 성인 혹은 도덕군자로 '대의'를 위해 살았다고 이름을 날리는 것은 곧 자신의 가문을 영광스럽게 하는 것이었고 조상과 부모에 대한 효도였다.

반면에 양반이 직접 노동을 하여 농사를 짓거나 다른 경제활동에 종사하는 것은 먹고살기 위해 또는 자신의 이익을 위해 하는 것이므로 '소인'이나 하는 일로 간주되었다. 특히 전문기술자, 즉 장인 그리고 상인은 천대받았다. 그 밖에 미술이나 음악, 기타 예능 분야에서 뛰어난 재능을 보인 사람들도 일부는 천민으로 取급빋았고 입신양명한 인물로 여겨지지 않았다. 고려시대 지방행정의 실무를 담당하면서 향촌사회의 실세였던 서리와 아전 등 향리 계층은 조선 후기 양반이 향권을 장악하면서 지위가 중인으로 완전히 격하되었다.

역사학자 송준호의 한국과 일본의 인명사전 연구는 명예로운 삶이 양국에서 어떻게 다른가를 잘 보여준다.[71] 1885년에 발간된 일본 인명사전에 나오는 인물들의 경력은 참으로 다양하다. 그 목록에는 사무라이 귀족과 관료 이외에도 주조업, 미곡상, 해운업, 금융업, 혹은 농업, 광업, 토목업 등에 종사하는 사람들이 실려 있다. 일본에서도 사무라이 계급과 농상공인 계층 사이에는 엄격한 신분적 차이가 있었다. 그럼에도 일본에서는 전문가들이 자신의 분야에서 인정받고 유명해질 수 있었음을 알 수 있다. 그리고 인명사전에 그들의 가계배경은 간단히 기재되었다. 아버지의 이름이 나오고 이따금 할아버지 이름이 언급될 뿐이었다.

반면에 1913년에 간행된 우리나라 인명사전에 나오는 인물들의 경력에는 상공업 활동이 전혀 없었다. 송준호가 지적했듯이, 상공업 경력을 전혀 언급하지 않는 이유는 관료나 유학자 이외의 전문가로서 활동했음을 밝힌다는 것 자체가 부끄러운 일이었기 때문이다. 또한 인물의 경력을 소개하는 데 있어 천년 전의 조상까지 자세히 열거하였지만 본인의 직업이나 경력은 지극히 간단했고 그것도 관직이 대부분이었다. 학력은 '한문수학'이 대부분이고 직업은 '무농(농업에 힘씀)' 혹은 '근수선업(농업을 지칭)'이라고 적었으며 경력에는 '사친성효', '수신근행' 등 유교적인 덕행에 관한 것이 대부분이었다. 기업이나, 정치, 혹은 예술 등과 같은 영역에 종사한 경력은 거의 없었다. 예를 들면 아래의 인물 박연래는 선대의 웬만한 조상들을 관직과 호를 밝히며 다 망라하고 있다.

"박연래. (주소와 생년월일) 본관은 밀양. 사헌부 규정을 지낸 현의 21세손이요 증직으로 우찬성을 받은 절문의 11세손이며 이조판서를 지냈고 밀산군이란 봉호를 받았으며 호가 백당인 중손의 16세손이다. (…) 이조참판을 지냈고 호가 일휴제인 필정의 7세손이요 통덕랑인 진환의 5세손이며, 재원의 증손이요 경진의 손이며 군수를 지냈고 호가 취송인 영하의 아들이다. 한문을 배웠고 유교를 업으로 하고 있다."[72]

전문가에게서 명예를 뺏으면 그는 자기가 하는 일에 자부심을 갖지 못한다. 그의 직업은 단지 생계유지를 위해 하는 일이 된다. 조선시대 지방에서 행정실무를 담당했던 향리집단이 그러했다. 조선 초기부터 정부는 지방 향촌사회의 실세였던 향리들에게 녹봉을 지불하지 않았으며 명예를 나타내는 품계도 부여하지 않았다.[73] 그러니 향리·서리들은 자신의 직무에 긍지를 갖지 못하고 책임감도 느끼지 못했다. 그들은 녹봉을 받지 않으니 관리를 속이고 장부를 조작하고 양곡을 횡령하는 등 농간을 많이 부려 백성들의 원성을 샀다. 양반 사족들이 향리들을 지방행정을 어지럽히는 '간사한 무리'로 천대히는 악순환은 조선이 망할 때까지 지속되었다.

사실 대부분의 전근대사회에서 노동과 직업 활동은 그저 먹고살기 위한 수단이었으며 아무런 도덕적 의미를 갖지 못했다. 그런데 근대사회에 들어오면서 분업이 발달하고 다양한 직업이 생겨나며 이에 따라 전문가집단이 등장하게 된다. 독일의 사회학자 막스 베버는 그의 저서 『프로테스탄트 윤리와 자본주의 정신』에서 유럽에서 근대화가 먼저 시작된 것은 유럽의 종교개혁이 세속적인 노동과 직업 활동에 하느님의 부르심a calling이라는 도덕적 의미를 부여했기 때문이라고 설명하였다.[74] 베버에 따르면 중세 유럽에서는 가족과 공동체가 먹고사는 데 필요한 만큼만 일하고 나머지 시간은 기도하고 하느님을 찬양하며 세속적인 욕구를 초월하며 사는 것을 이상적인 삶이라고 보았다. 사람들은 특별히 더 열심히 일하고 기술을 발전시켜 더 많이 생산하고 재산을 모으고자 하지 않았다. 그러나 종교개혁 후 신교도들은 세속에서 열심히 일하고 부를 쌓는 것은 하느님께 영광을 돌리는 것임을 강조하기 시작했다.

중세 유럽에서도 신분계층과 직업에 따라 분업화된 노동을 하는 것은 다 하느님의 뜻이어서 힘들어도 인내하며 자신의 직분을 다하는 것은 종교적 의무로 받아들여졌다. 그러나 신교는 이러한 직업관에서 더 나아가 사회적 분업에 따라 노동이 전문화되는 것은 질적으로 그리고 양적으로 생산성을 향상시켜 사회 전체에 기여한다고 보았다. 이는 막스 베버가 언급했듯이 애덤 스미스의 국부론을 연상시키는 분업론이다.[75] 즉, 신교의 이론가들은 분업이 공공의 이익을 증가시킨다고 주장하였다. 따라서 각자에게 맡겨진 일을 열심히 하는 것 자체가 사회 전체에 기여하는 것이 된다. 특히 신교는 세속에서 직업인으로서 하는 일은 하느님의 부르심을 받아서 하는 일이기 때문에 합리적이고 이성적으로 성실하게 수행할 것을 강조하였다. 금욕주의적인 자기절제에 입각해서 임무를 수행하는 것이 바로 하느님의 뜻에 따르는 것이었다. 그리고 성공적인 직업인이 되는 것은 하느님의 은총을 증거하는 것이었다.

이윤을 추구하는 행위도 개신교는 사회 전체를 위해 필요한 것으로 보았다. 법의 테두리 안에서 얼마든지 이익을 남길 수 있는데 그렇게 하지 않는 것은 오히려 신에게서 받은 기회를 거부하는 것이나 마찬가지였다. 따라서 신교의 관점에서는 중세의 가톨릭 수도사처럼 가난하게 살고자 원하는 것은 건강하지 않게 살기를 원하는 것이나 마찬가지이며 하느님의 뜻에 어긋나는 것이었다. 특히 일할 수 있는 자가 구걸하는 것은 게으를 뿐 아니라 이웃을 사랑하라는 하느님의 계명을 어기는 것이었다. 단지 쾌락을 추구하며 사치하고 방탕하게 살기 위해 부자가 되는 것은 용납하지 않았다. 그렇기에 신교도들은 일상생활에 있어 술을 마시지 않고 근면하며 시간을 아끼는 금욕주의적 자기규율을 강조하였다.

막스 베버에 따르면 이윤을 남기는 것이 하느님께 영광을 돌리는 것이라는 개신교도들의 소명의식은 사업을 통해 부를 축적하는 자본주의적 기업 활동을 정당화하였다. 또한 노동과 직업에 대한 금욕주의적 소명감은 직업의 분화와 자기절제에 기반하여 감정적이지 않고 이성에 기초하여 합리적인 노동을 하는 전문가집단의 성장을 촉진하였다. 베버의 분석은 많은 논란을 불러일으켰지만 서구의 자본주의 발전의 문화적 측면을 파헤친 고전적 연구로 받아들여지고 있다.

2020년 가을에 있었던 의사들의 파업에서 볼 수 있듯이, 정부와 의사들 간의 격심한 갈등은 전문가집단의 노동과 직업의 의미를 둘러싼 문화전쟁이라고도 할 수 있다. 유교적 정의감으로 민주화 운동을 이끌었던 운동권 정부와 그 지지자들의 전문가에 대한 인식은 지극히 중세적인 수준에 머물러 있다. 그러나 지난 몇십 년 동안 한국 사회는 산업화를 이루었고 비록 불완전하지만 자본주의적 시장경제가 발전하여 급속한 노동의 분업화가 진행되었으며 전문가집단이 성장하였다.

그런데 운동권의 유교적 세계관은 전문가가 자신의 이익을 추구할 자유를 인정하지 않는다. 전문가가 성실히 자기 분야에서 일하는 것만으로는 사회에 기여했다고 볼 수 없다는 것이 운동권의 관점이다. 자신의 이익을 위해 돈을 받고 일하는 것이지, 사회정의 혹은 공공의 이익을 위해 일하는 것은 아니기 때문이다. 그래서 운동권 정부는 "공공의료"를 행할 의사를 양성할 "공공의대"를 별도로 설립할 계획이라고 한다. 의사들은 이에 대하여 분노하게 된다. 열심히 힘든 공부를 해서 의사가 되어 환자를 치료하고 때로는 온갖 위험을 무릅쓰고 잠도 제대로 못 자며 죽어가는 환자를 살려놓는데, 운동권 정부는 의사들이 공익에 기여함을 부정하고 '돈밖에 모르는' 이기적인 집단으로 매도한다.

아마 앞으로도 운동권 정부는 전문가집단들과 치열하게 싸울 것이다. 이 싸움은 명예를 독점하고자 하는 신양반 운동권과 명예를 획득하려는 전문가들 사이의 싸움이 될 것이다. 우리는 여기서 깊이 생각해봐야 한다. 과연 운동권 정부가 내세우는 '공공의 이익'은 무엇인가? 아름다운 노래를 불러 듣는 사람에게 감동을 주고 그 사람의 마음의 병을 치유해주는 대중가수는 공익에 기여하지 않는 것일까?

열심히 일하여 기업을 일군 성공한 기업가는 공익에 기여하지 않은 걸까? 자식을 낳아 정성껏 사랑으로 키운 전업주부는 공익에 기여하지 않은 걸까? 누가 도덕적으로 우월한가?

동아시아에서 부의 축적을 가장 죄악시했고 상공인들을 천대했던 양반사회를 생각하면, 1961년 박정희가 무력으로 집권한 이후 빠른 시간에 경제발전을 이룬 것은 그야말로 기적에 가깝다. 박정희의 군사 쿠데타가 일어났을 때는 조선이 망한 지 50년이 지난 시점이었다. 50년 사이에 사회제도가 격변할 수는 있어도 문화적 인식체계는 급속히 변하지 않는다. 1960년대 성인 인구는 대부분 해방 이전에 태어난 사람들이며, 이들을 가정에서 키우고 학교에서 가르친 사람들은 조선이 망할 무렵 혹은 그 이전에 태어난 사람들이다. 1960년대에 성인이었던 한국인들에게 문화를 전수한 세대의 가치관은 조선조 양반사회의 가치관과 크게 다르지 않았을 것이다. 그렇다면 유교적 국민정서 속에서 박정희는 어떻게 경제개발을 일구어냈을까?

더구나 당시 한국경제는 전후 복구를 위한 미국의 막대한 원조에도 불구하고 최저 생계 수준을 벗어나지 못했고 농촌은 기아에 허덕였다. 미국의 한국학자 에드워드 와그너 Edward Wagner 는 박정희의 쿠데타 직후 한국에 대한 미국 정책을 비판하는 글에서 만약 한국경제가 성장한다면 "그것은 완전히 기적일 것"이라고 언급했다.[76] 도시에서는 실업률이 25%였으며 1960년도 1인당 국민소득은 100달러가안 되었고 전력생산 능력은 멕시코의 6분의 1에 불과했으며 산림의4분의 3은 벌거벗은 민둥산이었다.

박정희의 "잘살아보세"와 김구의 "문화의 힘"

박정희는 아직도 한국 사회에서 논쟁적인 인물이다. 그를 히틀러에비교하며 악마화하는 사람들이 있는가 하면, '민족의 영도자'로 숭배하는 사람들도 있다. 내가 어린 시절 들었던 '5·16 혁명'은 김영삼대통령 때 '5·16 쿠데타'로 격하되었다. 그러나 박정희에 대한 많은연구와 논의들은 대부분 한국 사회와 박정희가 마치 문화적 진공 상태에서 존재했던 것처럼 평가한다. 이를테면 그의 독재를 비판하는사람들은 당시 서구의 개인주의 문화에 입각한 민주주의와 자본주의 시장경제를 한국 사회에 그대로 이식하는 게 가능했던 것처럼 생각하는 경향이 있다.

박정희의 집권이 '혁명'이든 '쿠데타'든 간에, 그의 리더십은 문화적인 관점에서 볼 때 '혁명적'이었다. 그는 국민들의 물질적 생활을 개선하는 것을 정치의 가장 중요한 목표로 내세웠다. 당시 "잘살아보세", "일하는 정부" 등의 슬로건은 박정희 정부가 도덕적 교화를 최고의 목표로 삼았던 조선시대 양반 리더십과 결별했음을 보여준다. 가난하고 문약해서 식민지가 되었다가 거의 남의 나라 힘으로 해방되어 만들어진 신생 독립국에서 나라를 부강하게 만들겠다는 비전을 국민에게 제시한 지도자는 박정희 이전에 없었다. 초대 대통령 이승만은 해방 후 혼란과 한국전쟁의 참상 속에서 안보와 경제부흥에 힘을 쏟았지만, 잘사는 나라에 대한 꿈을 국민의 가슴 속에 뚜렷이 심어주지는 못했다. 문재인 대통령이 2021년 광복절 연설에서 언급한 백범 김구 역시 마찬가지였다. 김구가 꿈꾸는 나라는 조선시대의 '동방예의지국' 수준에서 크게 벗어나지 못했다. 그가 말한 "높은 문화의 힘을 가진 나라"는 부강한 나라가 아니라 '문화'라는 정신적 가치를 추구하는 "가장 아름다운 나라"였다.

"나는 우리나라가 세계에서 가장 아름다운 나라가 되기를 원한다. 가장 부강한 나라가 되기를 원하는 것은 아니다. 내가 남의 침략에 가슴이 아팠으니, 내 나라가 남을 침략하는 것을 원치 아니한다. 우리의 부력은 우리의 생활을 풍족히 할 만하고 우리의 강력强力은 남의 침략을 막을 만하면 족하다. 오직 한없이 가지고 싶은 것은 높은 문화의 힘이다. 문화의 힘은 우리 자신을 행복하게 하고, 나아가서 남에게 행복을 주겠기 때문이다. 지금 인류에게 부족한 것은 무력도 아니오, 경제력도 아니다. 자연과학의 힘은 아무리 많아도 좋으나, 인류 전체로 보면 현재의 자연과학만 가지고도 편안히 살아가기에 넉넉하다.

인류가 현재에 불행한 근본 이유는 인의가 부족하고, 자비가 부족하고, 사랑이 부족한 때문이다. 이 마음만 발달이 되면, 현재의 물질력으로 20억이 다 편안히 살아갈 수 있을 것이다. 인류의 이 정신을 배양하는 것은 오직 문화이다."[77]

위에 길게 인용한 『백범일지』에 가난의 문제를 해결하겠다는 지도자로서의 의지는 보이지 않는다. 타국에서 임시정부를 이끌며 돈이 없어 쩔쩔맸던 정치 지도자가 해방이 되자 이제 태평하게 물질적인 가치는 중요하지 않다고 공언하고 있다. '무력'과 '경제력', '자연과학'은 이미 충분하기 때문에 더는 발전하지 않아도 된다는 것이다. 대신 '인의'와 '자비'와 '사랑'의 '마음'을 발달시키고 '정신을 배양하는 문화'의 힘을 가져야 한다고 역설하고 있다. 물질적 욕망을 억제하고 균분과 안정을 강조했던 양반사회의 유교적 경제관이 그대로 그의 국가관에 녹아 있는 것을 볼 수 있다. 한마디로 김구는 조선시대 사람이었다. 그를 폄하하는 것이 아니라, 그가 태어났고 성장했던 시대의 문화에서 오는 인식의 한계를 지적하는 것이다. 근대국가에서 정신적인 가치를 강조하는 것은 종교 지도자가 할 소리지 세속의 일을 해결해야 하는 정치 지도자의 포부가 될 수는 없다.

'주식회사 한국'의 창업주

박정희는 양반사회의 반자본주의적 측면을 뒤집어엎으며 경제개발을 국정의 최고 현안으로 삼았다. 동시에 경제를 정치에 종속시켰던 유교 문화를 활용하였다. 경제기획원을 조직해 경제개발계획을 세우고 치밀하게 실행하면서 적극적으로 민간경제에 개입하였다. 그러나 조선 후기 정부가 민간의 경제활동을 극도로 억압했던 것과 반대로, 박 정권은 공공부문과 민간부문의 구분이 애매할 정도로 사기업을 육성하고 지원하였다.

수출을 증대하기 위해 수출업자들에게 보조금 지급, 세금 감면, 높은 환율 유지, 에너지 저가 공급 등 강력한 인센티브를 제공하였다. 일부 기업들에는 국내 시장에서의 이익을 보장해주는 독과점적 지위를 부여하는 등 반시장적인 정책까지 취하며 외국과의 경쟁에서 살아남도록 보호하였다. 당시 달러가 부족하여 순수 민간기업이 외국으로부터 차관을 도입할 때 정부가 지불보증을 섰는데, 이러한 일은 외국에서는 전혀 없었던 일이다.[78] 때로는 1972년 긴급명령권을 발동한 '사채동결조치'에서도 볼 수 있듯이 일반 국민의 재산권까지 침해하면서 기업친화적 정책을 폈다. 정부의 이러한 정책으로 인해 '재벌'이라고 부르는 대기업 군단이 급속도로 성장하였고 한국의 산업화는 빠른 시간에 경공업 중심에서 탈피하여 중화학공업을 발전시켰다.

대기업에 대한 정부의 지원은 '국가발전'이라는 논리로 정당화되었다. 기업인들과 근로자들은 국가를 위한 '산업전사'가 되었고 이들의 기업은 '국민의 기업'이 되었다. 기업인들은 너도나도 국가경제에 기여하기 위해 사업을 한다는 '사업보국事業報國'을 기업 활동의 목적으로 강조하기 시작했다. 정부는 수출을 많이 하는 민간기업인에게 국가경제에 기여한다는 이유로 훈장을 수여하였디. 이제 수출기업은 마치 태극기를 달고 국제경기에서 뛰는 운동선수와 같았다. 박정희기 이싱직으로 생각했던 기업과 국가 간의 관계는 1974년 기업공개를 촉구하는 전문에 잘 나타나 있다.[79]

"정부는 기회 있을 때마다 우리의 경제발전의 주역을 맡고 있는 기업에 대해 능률을 향상시키고 국민의 기업으로서 그 사회적 책임을 다하도록 촉구해왔다. 더욱이 앞으로 중화학공업의 개발을 중심으로 한 고도 산업사회를 건설함에 있어서 모든 면에서 국제 수준에 뒤지지 않는 대규모의 기업화가 이루어져야 할 것이며, (…) 한편 기업인은 기업의 사회적 책임과 기능을 자각하고 기업의 문호를 널리 개방하여 참신한 경영체제를 확립함으로써 우리 기업이 명실

상부한 국제적 기업으로 도약하고 우리 경제가 그 체질을 개선하여 번영의 80년대를 향한 또 하나의 전기를 찾도록 해야 할 것이다."

잘 알려져 있듯이 한국의 성공적인 경제개발에 주목한 외국의 학자들은 정부와 기업이 한 팀이 되어 경제성장에 매진한다는 뜻에서 한국을 "주식회사 한국Korea, Inc."이라고 불렀다. 박정희 대통령은 이 주식회사 한국의 CEO, 좀 더 정확히 말하면 '창업주'였다고 할 수 있다.

주식회사 한국의 CEO로서 박정희는 민간기업을 지원하면서 동시에 간섭하였다. 시장경제의 원리를 무시하고 민간기업의 경영에 직접적으로 개입하기도 하였다. 기업에 수출목표량이 할당되었고 할당된 목표량에 맞추어 수출 보조금을 주었다. 노동자 임금, 상품 가격, 투자 등에 대해 기업의 경영인이 아닌 정부가 결정하는 상황도 종종 있었다. 그야말로 공공부문과 민간경제의 구분이 없었다고 할 수 있다. 미국 경제학자 앨리스 앰스덴에 따르면 당시 재벌기업들은 공공목적을 가진 사기업이었으며 이러한 정부 주도의 경제개발은 서구 자본주의 사회에서는 볼 수 없었던 '동아시아의 발명품'이었다.[80]

'일하는 정부': 관료조직을 움직인 박정희

정부 주도의 경제개발이 성공적일 수 있었던 것은 무엇보다 주식회사 한국의 창업주인 박정희의 강력한 추진력과 뛰어난 경영능력 때문이었다는 점을, 한국을 다른 개발도상국들과 비교 연구한 많은 외국의 학자들이 인정하고 있다. 그들은 정부가 산업정책을 치밀하게 기획하였고 정책수행에 있어 통합하고 조정하며 민간부문을 감독하는 기능이 뛰어났다고 평가하였다. 박정희는 전통적으로 교화를 중시하고 비효율적이며 민간사회에 군림했던 관료조직을 효율적으로 움직이게 하는 데 성공하였다고 보인다

CEO 박정희의 경영능력은 6·25 이후 급성장한 군대라는 근대적 조직에서 키워졌을 것이다. 당시 군대는 현실의 문제해결을 중시하는 가장 능률적인 조직사회였다. 산업발전의 초기 단계에 변변한 기업들도 별로 없었고 전문가집단과 같은 중간집단의 생성도 미약했던 시대에, 군은 관료조직 이외에 거의 유일했던 대규모 조직이었다. 또한 행정적인 면에서도 당시 한국 사회에서 가장 선진적이었던 조직으로 보인다. 박정희 대통령의 비서실장을 오래 역임했던 김정렴의 회고록에 따르면 한국전쟁 이후 미 국방부가 미국의 민간기업들로부터 배운 기업경영과 행정기술을 한국군이 도입하도록 했고, 박정희 집권 이후엔 모든 정부기관과 국영기업체가 군의 행정기술을 채택하도록 했다.[81] 농촌 새마을 운동을 연구했던 미국의 인류

학자 빈센트 브랜트는 한국의 새마을 운동이 성공적이었던 이유 중 하나로 관료조직의 변화를 꼽았다.[82] 정부 공무원들이 농민들에게 농업생산과 관련하여 실질적으로 도움이 되는 정보와 시원을 제공하였으며, 공무원의 이러한 역할은 그전에는 존재하지 않았다는 것이다.

그리고 대통령 자신이 열정적으로 뛰어다녔다. 예컨대 매달 한 번씩 '수출 진흥 확대회의'를 주재하여 기업인들과 직접적인 접촉을 가지며 그들의 애로사항을 듣고 적극적으로 정책에 반영하였다. 5개년 계획 하나하나의 진행 상황을 점검하고 관계 장관들과 공무원들을 독려하였다. 순수 민간사업도 준국가사업으로 간주하여 정부조직이 총력을 기울여 지원할 것을 지시하고 점검했다.[83]

경부고속도로 건설은 주식회사 한국의 창업주로서 박정희가 얼마나 열심히 그리고 꼼꼼히 국가 경영에 임했는지 잘 보여준다. 김정렴의 회고록에 따르면 박정희는 고속도로 기획 단계에서부터 완공까지 건설과정 전반에 걸쳐 세세한 것을 직접 챙기며 지휘했다. "헬리콥터로 혹은 지프를 타고 수없이 현장을 시찰하며 공정을 살피고 현장 관계자와 인부들을 격려"했으며, 그가 남긴 친필 작성의 '고속도로망 구상도', '서울-부산선 확정도', '용지 매수계획에 관한 노트', '감독반 구성에 관한 지시', '공정계획표', '연도沿道 조경을 지시한 메모' 등은 그 열정과 치밀함을 증언하고 있다.[84]

박정희 정부는 민간경제에 개입하면서도 반자본주의적 문화를 물려받은 사회에서 경제활동이 왕성해지도록 만드는 데 성공했다고 할 수 있다. 많은 기업인들이 그 시절은 일하는 것이 '신바람' 났던 때라고 이야기하였고, 이 '신바람'이 고도성장의 원동력이었다고 생각된다. 박정희를 반대했던 많은 사람들이 국가 주도의 경제개발을 비판했다. 그러나 이러한 비판은 정치가 경제를 지배했던 양반사회의 문화적 전통을 고려하지 않고 있다고 생각한다. 경제활동의 자율성을 무시했던 정부의 통제와 억압이 전통적으로 심했기 때문에 만약 정부가 민간경제를 보호하지 않았다면 고도의 경제성장은 아마도 힘들었을 것으로 보인다.

실제로 박정희는 자유로운 경제활동을 방해했던 儒교 문화와 싸우며 경제개발을 추진했다고 할 수 있다. 탐욕스럽고 이기적이라고 매노낭했던 '장사꾼'이 이제 '산업역군'이 되고 나라의 표창을 받게 되었다. 기술자와 장인들을 천시했던 나라가 너무 가난해서 중학교에도 진학하지 못하는 빈한한 농촌 가정의 소년들을 기능공으로 양성하여 우대했고, 국제기능올림픽에 나가 메달을 따오는 기능공 선수단을 카퍼레이드로 환영해주었다. 정부가 육성한 이 기능인력이 중화학공업 발전에 절대적으로 필요한 숙련기술자들이 되었고, 이는 가난한 농민 계층에서 벗어나 도시 중산층으로 계층상승을 하는 데 밑바탕이 되었다. 이 밖에도 가정경제에 적지 않은 부담이 되었던 유교적 의례를 간소화하는 가정의례준칙을 정해 4대 봉사하던 제사를 2대 봉사로 줄이고 '허례허식'과 낭비풍조를 없애고자 하였다. 박정희가 1968년 제정하여 어린 학생들부터 암송하게 한 '국민교육헌 장'에는 "공익과 질서를 앞세우며 능률과 실질을 숭상하고"라는 구절이 들어가 있다. 물론 '능률과 실질을 숭상하는' 문화가 암송한다고 하여 그대로 실현되지는 않는다. 대신 그 구절은 전통적 유교 문화의 비효율적이고 도덕적 명분에만 치중하는 측면을 빨리 바꾸고자 했던 한 지도자의 열망과 성화를 고스란히 보여준다.

문화적 갈등

정부가 기존의 문화를 거스르며 주도했던 경제개발에 대한 반발 또한 극심했다. 군사 쿠데타 이후 70~80년대 지식인 사회는 경제 분야에 있어서 박정희 대통령의 성취를 인정하기는커녕 오히려 '역사를 후퇴시켰다'고 한결같이 비난하는 분위기였다. 경제성장은 '외세'와 결탁한 '매판자본'에 의존한 것이며 값싼 노동력을 착취한 결과라고 하였다. 노동자, 농민, 민중은 더욱 비참하게 살게 되었다는 것이 당시 많은 대학생과 지식인의 현실인식이었다. 또한 1980년대에는 남미의 경제적 몰락을 설명하고자 한 '종속이론'이 대학가와 지식인 사회를 휩쓸었고 학생 운동권 일부에서는 북한의 주체사상까지 받아들이기 시작했다.

그런데 박정희가 집권했던 기간(1962~1980년) 동안 우리나라

경제성장률은 연평균 8.5%로 세계 최고 수준이었다. 박정희의 경제 우선 정책을 이어나간 전두환 정권하에서도 오일쇼크가 있었던 1980년을 제외하면 고도의 경제성장이 지속되었다. 이 기간 실질임금상승률도 마찬가지로 세계에서 가장 높았다. 실제로 많은 국민들이 생활수준이 월등하게 향상되었다고 느꼈다. 1970년대 말 서울대 사회과학연구소가 행한 여론조사 결과를 보면 응답자의 87%가 70년대에 한국 사회가 살기 좋아졌다고 생각했다.[85]

그러나 박정희의 경제개발에 대한 긍정적인 평가가 한국의 대중적인 담론에 나오기 시작한 것은 1980년대 말 서울에서 '88올림픽'이 치러진 이후였다. 외국 학자들은 80년대에 들어와 한국의 경제성장에 대해 객관적으로 연구하기 시작했다. 한국의 민주화 운동에 많은 영향을 끼친 미국의 한국학자 브루스 커밍스Bruce Cumings는 1984년 논문에서 박정희 독재정권의 수출주도 경제개발이 고도의 경제성장을 가져왔다는 것을 인정하였고, 식민지 시기 한국과 대만 그리고 일본 본토를 연결해주었던 국제적인 분업과 비슷한 국제적 산업체제가 형성되고 있다고 주장했다.[86] 88올림픽 이후에는 한국이 전쟁으로 폐허가 되었던 가난한 나라에서 빠른 시간에 올림픽을 치를 만큼 발전한 나라가 된 것이 전 세계에 알려지게 되었고, 박정희의 경제개발이 성공사례로서 국제사회에서 주목받기 시작했다. 중국은 박정희가 추진한 중화학공업의 발전을 경제개발의 모델로 삼았다.

왜 1980년대 국내에서는 박정희의 경제적 공헌이 전혀 인정받지 못했을까? 80년대는 오히려 반독재 학생운동이 격렬해진 시기였다. 박정희의 정치적 반대자들 중 핵심 세력은 '더 못살게 되었다'고 거짓 선동을 했을 수도 있다. 그렇다면 왜 많은 대학생들과 지식인들이 그런 선동에 쉽게 호응했을까? 나는 박정희에 대한 비난과 비판의 많은 부분은 문화적 요인에 기인한다고 생각한다. 즉 '민주화' 세력은 민생문제를 해결하고 국부를 늘리는 정치에 많은 가치를 부여하지 않았고, 군주의 강력한 리더십을 견제했던 양반사회의 유교적 관점에서 박정희를 비판하였다.

많은 민주화 운동가들은 박정희가 아무리 경제적으로 공헌했다고 해도 그를 도덕성을 결여한 독재자로 낙인찍는다. 우선 그는 비록 무혈 쿠데타였지만 어쨌든 '쿠데타'를 통해 집권하였다. 그러나 실제로는 민정 이양 후에 3번의 직접 선거를 통해 민선 대통령으로 선출되었으며 마지막 7년 동안 유신독재를 하였다. 그런데 그의 집권 시기 전반에 걸쳐 독재를 한 것으로 간주된다. 그는 절대로 양반사회에서 이상적으로 생각했던 '덕망 높은' 지도자가 아니었다. 게다가 박정희는 비록 청년기의 짧은 기간이었지만 식민지 시기 일본 천황에 충성을 맹세했던 일본 군인이었다. 반대파에게 이러한 내력은 박정희 정권이 '정통성'이 없다고 볼 충분한 이유가 되었다. 더구나 '친일파' 박정희는 항일빨치산투쟁을 했다는 김일성과 비교되었다. 앞에서 설명했듯이 유교적 관점에서 항일무장투쟁은 나라 잃은 민족의 지도자가 해야 할 최고의 도덕적 행위였다. 그것은 목숨을 걸고 일제에 항거하는 '의로운' 정신의 승리이며 병자호란 때 척화파에서 볼 수 있었던 대쪽 같은 선비정신을 계승하는 것이었다. 의리를 강조하는 유교적 정서가 대학생들로 하여금 북한이 더 '정통성'이 있으며 더 나은 사회일 것이라고 생각하게끔 만들었다고 할 수 있다. 더구나 북의 주체사상은 김일성의 빨치산무장항쟁의 경험에 바탕을 두고 있다.[87] 그리고 80년대는 소련과 동구권의 공산주의 체제가 무너지기 직전이었으며 북한 정권의 세습과 대기근의 실체가 알려지기 전이었다.

박정희 반대파에게는 경제개발정책에 적극 참여했던 기업가와 자본가들 또한 도덕적으로 결함 있는 집단이었다. 반대파 이론에 따르면 박정희와 협력한 기업인들은 '외세와 결탁한 매판자본가'이거나 '군부독재 정권과 유착하여' 엄청난 부를 축적한 탐욕스럽고 부도덕한 집단이다. 그들의 부는 정부의 특혜를 받아 쌓아올린 부정한 재산이기 때문에 국가에 헌납되거나 '사회에 환원'되어야 한다. 그러나 재벌의 성장을 부도덕한 정권과 탐욕스러운 자본가가 결탁한 결과로 보는 이러한 관점은 국가 전체의 부가 어떻게 그렇게 빨리 증식되었는지 설명하지 못한다.

정경유착은 이익을 추구하고 부를 축적하고자 하는 사적 영역의 자율성을 인정하지 않는 유교적 문화구조가 만들어내는 현상이라고 할 수 있다. 즉 정치적 권력을 등에 업지 않으면 사유재산이 확고하게 보호받지 못할 때 개인은 정치권력을 끼고 자신의 이익을 확보하고자 한다. 국가권력이 자유로운 경제활동을 법으로 보장하지 않고 도덕적인 명분으로 규제하고자 할 때, 개인은 부자가 되기 위해 정치권력에 의존하지 않을 수 없게 된다. 그렇기 때문에 정경유착은 아마도 박정희의 개발독재 없이 우리나라가 계속 가난하게 살았어도 존재했을 것이다. 실제로 '청빈'을 강조했던 조선시대에도 있었고 민주화 이후에도 근절되지 않았다. 김영삼 대통령은 정치자금을 받지 않겠다고 선언했고 '가진 것이 고통이 되도록' 하면 정경유착은 사라질 것이라고 보았다. 그러나 정경유착은 김영삼 정부하에서도 물론 기승을 부렸고 그 이후 민주화 운동가였던 김대중, 노무현이 집권했을 때도 지속되었다.[88]

박정희의 경제적 공헌을 극단적으로 부인하는 좌파 일부는 박정희가 아니었어도 경제발전을 이룰 수 있었을 것이라고 주장한다. 경제개발 당시 국내의 여러 가지 여건이 고도의 경제성장을 가능하게 하였으며, 박정희의 실책들을 나열해서 한국의 경제발전에 그가 기여한 것은 없다고 결론짓는다. 이러한 관점은 좌파 정부를 지지하는 586세대에서 광범위하게 공유되고 있으며, 현 정권까지 이어져 내려오고 있다. 한국전쟁 후 경제적 번영의 역사는 '정의가 무너지고', '불의와 타협하는 왜곡된 가치관'이 지배하는 역사였기 때문에 청산되어야 하며, 경제적 발전은 해방 전 독립운동의 정신이 구현된 결과라고 보는 문재인 정권의 역사관이 바로 그것이다.

철저히 도덕주의적 관점에서 박정희의 경제적 업적을 부정하는 이러한 시각은 한국 문화로부터 자유로운 많은 외국 학자들의 평가와 대조적이다. 이들은 박정희식 경제정책의 한계와 문제점을 논하면서도 박정희가 한국의 산업화와 경제발전을 성공적으로 이루어냈으며 궁극적으로 민주화에 기여했다고 인정한다. 박정희 시대의 중화학공업 정책에 대해 연구한 김형아가 지적했듯이,[89] 한국의 '진보' 지식인들은 박정희를 나쁜 독재자로만 생각하여 국가 지도자로서 그가 가진 리더십의 성격, 역량과 비전 등에 대해 논의하고 평가하는 것을 아예 거부한다. 외국의 정치가나 학자들이 한국의 경제성장이 엄청난 성취라는 것을 한국인들이 모르는 것 같다고 놀라워하는 이유다. 노무현 전 대통령은 2008년 퇴임 후 가진 김형아 교수와의 인터뷰에서 외국 순방 때 각국의 지도자들이 자신에게 이구동성으로 물어본 것은 '어떻게 잘살게 되었는가'였다고 토로하였다.[90]

"국제무대에서는 모두 한국을 칭송합니다. 저는 임기 동안 외교적 업무로 해외에 갈 때마다 따뜻한 환영을 받았습니다. 특히 개발도상국에서 한국을 배우고 싶어 하는 사람들이 많았습니다. 여러 종류가 있습니다. 어떤 국가는 도움을 요청했고, 어떤 나라는 우리가 부유해진 노하우를 배우려 했으며, 또 어떤 나라는 한국의 경제와 민주주의를 일종의 존경심을 가지고 부러움의 대상으로 여겼습니다."

나아가 노무현은 솔직하게 박정희가 이끌었던 산업화와 경제발전이 후대의 세대에게 던지는 물음을 대변한다. 즉 지도자는 어떤 사람이어야 하는가? 조선시대 후기 양반사회처럼 도덕성이 우월한 성인군자여야 하는가? 노무현은 경제개발과 독재정권에 대해 선악의 도덕적 판단을 하지 않는 듯하다. 그는 개발과 독재와의 관계에 대해 끈질기게 물어보고 쉽게 판단할 수 없다는 것을 고백한다.

"그런데 5·16 군사 쿠데타가 없었다면 경제개발5개년계획 (1962~1966)이 민주당 체제 아래서 실행될 수 있었을지 궁금합니다. 이 점에 대해 저는 확신이 없습니다. (…) 문제는 독재가 발전국가와 경제개발과 분리될 수 있느냐는 것입니다. 그리고 중소기업과 경공업에 집중한 경제발전의 길을 선택할 수도 있었는데, 우리는 대만과는 다른 길을 택했습니다. 결과와 관련, 사람들의 삶에 차이가 있나? 이러한 질문의 답을 찾고 싶지만 너무 바쁘고 능력이 없어 답을 찾지 못했습니다."

농촌 여성의 역사 인식과 새마을 운동

정권의 정통성과 지도자의 도덕성을 가장 중요하게 따지는 지식인들과 대조적으로, 새마을 운동에 참여했던 농촌 여성들에게는 물질적인 일상생활의 변화가 역사를 평가하는 데 있어 가장 중요한 요소였다. 1990년대 중반 무렵 동료 인류학자가 수집한 충청도 어느 농촌 여성들의 구술자료에 따르면,[91] 이들에게 중요했던 역사적 사건은 해방도, 남북 분단도, 6·25 동란도, 4·19 학생의거도 아니었다. 이들이 가장 많이 이야기한 역사적 사건은 새마을 운동이었고, 그로 인해 '먹고살기 편해졌다'는 것이었다. 자료수집 당시 여성들은 대부분 50~60대였고 70대가 소수 있었다. 이들의 교육수준은 무학이거나 잘해야 '보통학교' 혹은 '국민학교' 졸업 정도였다. 그야말로 한국사회에서는 무지렁이로 취급받는 시골 '아낙네'와 할머니들이었다. 동료 인류학자는 이들에게 '살아온 이야기'를 헤달라고 요청했다.

농촌 여성들이 들려준 이야기에는 계층이나 세대에 따라 조금씩 차이가 있났다. 하지만 구술자들은 공통적으로 새마을 운동 이전에는 정말 살기 힘들었다고 털어났다. 그들은 새벽부터 한밤중까지 엄청나게 많은 양의 노동을 했고 잠도 제대로 못 자며 살았다. 아주 가난한 여성들은 70년대 초반까지도 길쌈을 하며 살았다. 그 지역에 60년대 후반까지도 정미소가 없었기 때문에 여자들은 보리를 베서 '도리깨질'하고 절구에 방아를 찧어 밥을 해 먹었다. 이 일이 가장 힘든 일이었다고 이들은 회고했다. 농사철에는 밭을 매는 것도 여자들 일이었다. 우물도 없던 시절에 물을 날랐고 그곳에서 빨래를 했다. 연탄도 없던 시절이라 나무도 해야 했다. '먹고살 만한' 집 여성들은 일꾼이 있어 밭일, 나무하는 일, 물 지는 일 등의 '바깥일'을 하지 않아도 됐지만 그 대신 일꾼들 밥을 해주고 새참을 준비해서 논에 이고 다녀야 했다. 이들도 가난한 여성들과 마찬가지로 방아 찧고 빨래하고 길쌈하며 살았고 '바깥일'을 할 시간이 없었다. 애는 젖만 먹이거나 방치되거나, 할머니 혹은 여자애들이 봐주었다. 밤까지 일하느라 '마실 가는' 일은 생각조차 할 수 없었다.

그런데 이들 농촌 여성들은 새마을 운동 전에는 자신들의 삶이 특별히 고생인지도 모르고 살았다. "그때는 너 나 할 것 없이 그러고 살았어요. 그게 별로 고생이라 못 느끼고. 지금 지나고 보니까 고생이지. 그때는 그렇게 사는 것인 줄 알았지유. 아침에 일어나서 방아 쪄서 밥하고 물 지어오고." 6·25도 4·19도 이들의 고단하고 배고픈 삶에 큰 변화를 가져오지 못했다. "13살 먹었을 때 6·25가 났네. 한 1년 동안 어려웠지. 6·25 지나고 나서는 그날그날 생활해가고." 그래서 이들의 구술 생애사에는 역사가들이 중요하다고 여기는 큰 역사적 사건에 관한 이야기가 별로 나오지 않았다. 그들은 오로지 가족을 '멕이고 입히는' 일에만 전투적으로 매달렸고 자신의 가족과 관련되지 않는 한 6·25도 해방도 중요하지 않았다.

원래 그렇게 사는 것인 줄만 알았던 이들의 삶은 박정희 때부터 조금씩 나아지기 시작해서 새마을 운동으로 확 바뀌게 된다. 무엇보다 기계로 지하수를 팔 수 있게 되어 물이 풍부해졌고 저수지 물을 댈 수 있으니 천수답이 없어졌다. "박정희 대통령 때부터 지하수 파서 물이 흔해져서 잘살게 됐지. 그전에는 물이 없어서 지하수 같은 것이 없어서 하늘만 쳐다보고 (모심기를) 못 했지. 박정희 대통령이 지하수 파서 모 심을 때 심고 저수지 물 대고." 그전에는 상수도는커녕 우물물도 멀리 가서 길어와야 했는데 이제는 마당에 지하수를 팔 수 있었다. 산업화로 시장에서 옷을 사 입게 되면서 길쌈하는 것도 필요 없어졌다. 전기가 들어오고 정미소가 생기면서 방아를 찧을 일도 없어졌다. 가전제품도 사용하게 되었다. 길쌈하는 일, 물 지어오는 일, 방아 찧는 일 등이 사라지면서 여성들도 바깥일에 나서게 되었다. 밭농사만 짓던 여성들이 논농사 일도 하기 시작했다. 새마을운동이 시작되면서 부녀회가 만들어졌고 이들은 주거환경을 개선하기 위해 꽃동산도 만들고 길도 냈고 구판 사업도 하였다. 특히 밭에 마늘, 생강과 같은 환금 작물을 심으면서 농가소득도 증가했다.

새마을 운동은 정부가 주도한 사회운동이었기에 여성의 노동력이 관에 의해 동원되었다고 할 수 있다. 그럼에도 농촌 여성들이 적극적으로 참여하였고 지지하였음을, 이들의 '살아온 이야기'가 보여주고 있다. 그들은 한결같이 박정희의 새마을 운동 때문에 못살았던 사람들도 다 잘살게 되었다고 언급했다. 그리고 당연하게 여겼던 과거의 삶이 얼마나 가난하고 고생스러웠는지 뒤돌아보았다.

"보리 베서 뚜드려서 방아 찧고 물 져다 먹고, 물지게에다 져다 먹지 남자들이 지어다 주나? 다 안에서 (여자들이) 다 지어다 먹지. 지금은 다 지하수 파지, 전기 다 있제, 얼마나 편한 세상인데. 그래도 어렵다고 해. 옛날에는 사람 사는 것 같지 않았시유. 그렇게 고생을 했시유. 남의 집 참 많이 살았시유. 큰아들 노력하고 아배가 노력해서 땅 좀 샀지. 조금씩 조금씩 늘어났지."

"지금이야 대궐 됐지. 얼마나 변했는지. 전자제품도 지금 도시하고 똑같이 해놓고 살지. 밭일, 논일하는 것뿐이지. 도시 살림하고 똑같아유."

요즘 새마을 운동은 한국의 근현대사에 관한 지식인들의 담론에서 중요한 역사적 사건으로 다루어지지 않는다. 검인정 교과서들은 아주 짧게 언급하거나 혹은 아예 기술하지 않는다. 개발도상국 원조 사업을 하는 코이카도 더는 '새마을'이라는 명칭을 사용하지 않기로 했다고 한다. 이는 가장 힘없는 민중이 자기들의 삶에 근거해서 중요하다고 본 역사를 지우려고 하는 것이 아닐까? 동료 인류학자가 수집한 농촌 여성들의 구술자료를 접했을 때, 나는 그들의 힘들었던 삶에 가슴이 먹먹해진 동시에 망치로 머리를 얻어맞은 듯한 충격을 느꼈다. 지금껏 우리 사회의 지식인들이 떠들어온 '역사'란 도대체 뭐란 말인가? 실생활과 동떨어진 역사가 아닌가? '먹고살기 편해진 것'은 그렇게 사소한 역사인가?

한국 사회에서 아직도 '좌파'로부터 배척당하는 박정희는 양반사회에서 무시당했던 '입향조'와 비슷하다고 할 수 있다. 어느 마을에

나 그곳에 정착하여 부를 일구어 후손들이 번성할 수 있게 만든 조상이 있었겠지만, 조선 후기 족보를 만들었던 친족집단은 자신들에게 물질적인 생활의 기반을 마련해준 조상을 떠받들지 않았다. 그들은 관직에 오른 '훌륭한' 조상만을 찾았고, 그 조상의 몇 대 후손인가만을 따졌다. 노무현 전 대통령은 퇴임 후 자신에게 물었다. 박정희가 쿠데타를 하지 않았다면, 독재하지 않았다면, 즉 민주당 체제에서 경제개발계획이 실행될 수 있었을까? 그는 확신할 수 없다고 답했다. 대통령을 해보았던 그는 왜 회의적이었을까?

2장

우리에게 조상은 무엇인가?

'혈연'은 보편적으로 존재하는가?

양반사회의 정치와 친족

조선과 같이 권력이 중앙정부에 집중된 국가에 '아무개의 후손들'로 구성되는 부계친족집단이 번성했던 것은 인류 역사를 통틀어 희귀한 사례이다. 서구 사회과학 이론에서 수학의 공리처럼 당연하게 받아들이는 명제 중 하나가 중앙집권적 관료조직이 발달하게 되면, 친족 혹은 혈연집단은 사라진다는 이론이다. 즉 사회적 분업과 계층화가 진행되면서 친족집단은 자녀 양육에 필요한 핵가족이나 가구로 축소되고 사적인 영역과 공적인 영역 간의 분리가 심화된다는 것이다. 그러나 양반사회는 이러한 통설에 정면으로 도전한다.

조선 후기 중앙집권화가 강화되면서 오히려 유명한 조상의 후손으로 구성된 부계친족집단이 형성되었고 지역사회에서 '양반', 즉 중앙의 정치무대에서 성공한 엘리트의 후손으로 인정받았다. 몇백 년 전 혹은 그 이상까지 거슬러 올라가는 부계 조상을 찾기 위한 '조상 찾기 운동'이 유림사회에서 일어났으며, 이들이 시조로 내세우는 조상은 언제나 중앙정치권에 진출하여 벼슬을 한 조상이었다. 조상이 조정에 들어가 얼마나 이름을 날렸는가에 따라 후손들의 사회적 신분이 정해졌다. 즉 친족집단이 중앙정치로부터 독립되어 형성된 것이 아니었다.

오늘날 한국 사회에서도 서구의 시민사회와 달리 '공적인' 영역과 '사적인' 영역이 엄격하게 구분되지 않는 것을 흔히 볼 수 있다. 예컨대 구한말 갑오경장 때 연좌제를 법으로 금지하고 120년 이상 지났어도 공적인 영역에서 '사적인' 혈연관계를 들먹이는 연좌제적 의식은 여전히 현대 사회에 살아 있다. 일제에서 해방된 지 70여 년이 되어도 '친일파' 혹은 '빨갱이'였던 조상 때문에 그 자손은 손가락질을 당하고 조상의 행적에 대해 국민에게 '사죄'해야 한다.

양반의식과 연좌제는 동전의 양면과 같다. '군자'의 후손이 '군자'라면 반역자의 후손 또한 반역자다. 중요한 것은 조상과 후손을 동일시하는 이 혈연의식이 순수한 혈연 간의 사적 유대보다는 친족 밖 정치사회의 공동체 의식을 표현한다는 것이다. 중앙정치에서의 성공 여부가 친족집단의 위세를 결정지었다는 것은 그만큼 친족집단의 중앙지향성을 잘 설명해준다. 조선 후기 향촌사회에 출현한 부계친족집단은 중앙집권적 정치체제로부터 독립적으로 형성된 호족

세력이 아니라, 중앙의 성리학적 정치체제에 귀속되어 있었다. 양반 사회에서 정치와 친족은 분리된 두 영역이 아니었다.

'혈연'은 문화적 관념체

중앙지향적인 한국 친족의 이러한 특수성을 이해하기 위해서는 우선 '혈연' 혹은 '친족이란 무엇인가'에 대해 다시 생각해볼 필요가 있다. 서구의 주류 사회과학 이론에서 흔히 우리가 '핏줄' 또는 '혈연'이라고 부르는 친족관계는 어느 사회에나 존재하는 현상이기 때문에 굳이 설명할 필요가 없다고 본다. 남자와 여자가 성관계를 갖고 그 결과 자식이 태어나는 것은 생물학적 사실이기 때문이다. 따라서 혈연집단은 가장 '자연적인' 관계로 보아 보편적으로 존재하는 것으로 취급하고, 인위적으로 만들어진 국가나 기타 사회조직과 구분하였다. 이러한 관점에서 보면, 당연히 국가를 이루지 못한 원시사회에는 '혈연'이라는 '자연발생적' 관계만이 존재하게 되며 사람들은 대부분의 사회활동을 '혈연'과 함께 영위한다. 사회발전의 원시적 단계에 있는 이러한 소규모 단순 사회를 전통적인 친족이론은 친족기반 사회kinship-based society라고 불렀다.

물론 전통적인 인류학이나 사회학에서 연구대상이 되는 친족이나 가족은 '사회적' 관계이며 생물학적 관계인 '혈연'이 아니라는 것을 강조했다. 즉, 많은 사회에서 사람들은 다른 사람이 낳은 자식을 입양하여 자식으로 키우기도 하며, 이때 사회에서 부모로 인정받는다. 반대로 생물학적인 부모가 자기 자식을 버리고 부모의 역할을 하지 않는 경우도 있다. 그렇기 때문에 가족관계에서 볼 수 있는 어떤 규칙성은 사회현상이나 사회적 규범이지, 생물학적 현상이 아니라는 것을 사회과학자들은 대체로 받아들였다. 예를 들자면 한국 사회에서는 전통적으로 시어머니와 며느리 간의 갈등이 심각했다. 이 현상은 사회문화적 요인에 의해 설명되어야지, 어느 사회에서나 보편적으로 볼 수 있는 생물학적 현상으로 보기 어렵다. 이렇듯 사회과학에서는 일반적으로 가족관계의 패턴이 사회마다 혹은 계층마다 다를 뿐이며, 여러 가지 요인에 의해 발생하는 이러한 차이를 연구대상으로 인식하였다. 다시 말하면 혈연 혹은 친족관계는 보편적으로 존재한다는 기본 전제는 부정하지 않았다. 즉 어느 사회에나 '시어머니'와 '며느리'가 존재한다는 것은 자명한 사실로 받아들여졌다.

그러나 좀 더 생각해보자. 규모가 작은 원시사회에서 볼 수 있는 주거집단이 대부분 서로 생물학적인 관계가 있는 사람들로 구성된다고 하여 그들을 혈연집단 혹은 친족집단이라고 규정할 수 있을까? 인류학자들의 현지 조사는 모든 사회에서 생물학적인 관계가 보편적으로 인지되고 같은 의미를 갖지는 않는다는 것을 보여준다. 이를테면 호주 북부의 티위Tiwi 사회에서 부성paternity은 인정받지 못한다.[1] 티위 사람들은 여자는 '정령'에 의해 임신이 된다고 믿는다. 티

130

위 문화의 생식 이론에 따르면 여자는 나이에 상관없이 얼마든지 임신이 될 수 있으며, 아이에게 '아버지'를 만들어주기 위하여 언제든지 남편이 있어야 한다. 따라서 여자는 태어나자마자 남편이 정해지는데 사춘기가 되면 남편의 밴드band에 보내진다. 파파 할머니가 되어서도 정령에 의해서 아이를 가질 수 있기 때문에 남편이 사망하자마자 다른 남자와 재혼해야 한다. 그리고 새 남편은 새 아내의 자식들에게 새 이름을 지어준다. 그러니까 티위 사회에서 '아버지'라는 호칭은 아이의 생물학적 아버지가 아니라 '이름을 지어준 사람'이라는 뜻을 갖는다. 아마도 티위 사회는 지구상에 존재했던 수많은 사회 중에서 과부가 없었던 유일한 사회일 것이다. 이 티위 사회의 기본 조직은 남자와 그의 다수의 아내와 아내가 낳은 아이들로 구성되는 밴드다. 밴드의 구성원들은 함께 수렵·채집 활동을 하며 생계를 이어가는데, 이렇듯 혈연관계를 인지하지 않는 티위 사람들의 밴드를 혈연집단이라고 할 수 있을까? 생식에 있어 남자의 역할을 무시하는 문화는 호주 원주민 사회에서 일반적으로 볼 수 있고 태평양 제도의 여러 종족 사회에서도 볼 수 있다.

어머니와 자식 간의 관계도 마찬가지로 문화적으로 구성된다. 뉴기니의 바루야Baruya 사회에서는 어린 생명체는 전적으로 남자의 정액으로 만들어진다고 보며 어머니의 몸은 남자의 물질을 전달해주는 통로로 인식되고 있다.[2] 출산 후 분비되는 엄마의 젖도 남자의 정액이 변환된 것으로 본다. 전통적인 유교에서도 생식에 있어 여자보다 남자의 역할을 중시하였다. 공자가 편찬한 『시경』의 「효행」편에 나오는 "아버지 날 낳으시고 어머니 날 기르시니"라는 표현처럼, 유교에서는 생명의 근원이 되는 물질을 아버지로부터 받고 어머니는 그 생명을 기르는 역할을 한다고 보았다. 아이를 낳은 여자가 아이 아버지의 본처가 아닌 경우 아이는 아버지의 본처를 어머니라고 불렀다. 이렇듯 기본적인 혈연관계조차도 모든 사회에서 똑같이 인식되는 자명하고 객관적인 자연현상이 아니다. 혈연관계는 자연발생적으로 존재하게 되는 생물학적인 관계가 아니라, 특정한 사회질서 안에서 존재하는 문화적 관념체라고 할 수 있다.

'부성'이나 '모성'의 개념이 보편적이지 않듯이 조선 후기 양촌사회에서 양반이라는 신분적 지위를 부여했던 '조상' 역시 어느 사회, 어느 시대에나 존재하는 것은 아니다. 물론 생물학적 조상이 없는 사람은 없다. 그러나 생물학적 조상을 '조상'으로서 인지하는 것은 별개의 문화적 문제다.

본관의 의미

양반사회의 '조상'이라는 문화적 개념은 우리 일상생활에서 본관을 밝히는 관습에 잘 드러난다. '본관'은 아득히 먼 과거에 살았던 조상의 본적지가 있는 행정구역의 이름을 가리킨다. 사람들 대부분은 아마 자신의 본관이 어디 위치하는지 알지도 못할 것이며 그 본관은 가까운 조상이 살았던 곳도 아닐 것이다. 어떤 사람이 나와 동성동본이라는 것은 우리가 그저 까마득히 오래전에 살았던 어느 한 사람의 후손이라는 것을 말해줄 뿐이다. 즉 본관이 같은 사람들은 그 공통의 조상이 1,000년 전에 살았어도 피 한 방울 섞이지 않은 '남'과 구분되었다. 동성동본 간의 결혼은 2005년까지도 마치 근친상간이나 가까운 친척 간의 결혼처럼 법으로 금지되었고 도덕적으로도 터부시되었다. 오늘날에도 한국 사람들 대부분은 자신의 본관을 알고 있고, 호적제도가 폐지된 후에 등장한 '가족관계 기록부'에도 본관을 기재하게 되어 있다.

사학자 송준호가 지적했듯이[3] 죽은 지 적어도 400~500년도 더 되는 까마득히 먼 조상의 자손임을 확인해주는 '본관' 같은 관습이 있는 곳은 전 세계에서 한국밖에 없다. 세계 어디를 가나 어느 한 인물에 대해 소개할 때 그 사람이 태어나고 성장한 곳에 대해 언급하지, 그 사람의 수백 년 전 조상들이 살았던 곳에 대해 이야기하지 않는다. 그러나 우리나라에서는 전통적으로 그 사람이 태어나서 성장한 곳에 대해선 언급하지 않아도 본관이 어디인가는 꼭 밝혔다. 이를테면 이순신 장군은 한성에서 태어나고 아산에서 소년기를 보냈는데, 그의 전기 자료에는 본관인 덕수 출신이라는 뜻의 '덕수인德水人'으로 나와 있다.[4]

동북아의 유교적 문화권에 속한 중국이나 일본에도 우리나라처럼 본관을 따지는 습속은 없다. 대규모 부계친족집단이 존재했던 중국에서도 본관은 송 대 이후로 조상 대대로 살았던 본적지를 가리키며 다른 지역으로 이주하게 될 때는 본관을 바꿨다. 따라서 중국에서는 아주 가까운 조상이 같아도 사는 지역이 다르면 본관이 다를 수 있다. 다시 말하면, 같은 조상의 후손들이라 하더라도 서로 다른 지역에서 대대로 눌러살면 각각 독립된 씨족집단을 이루게 된다. 본관의 개념이 없는 중국에서는 언제나 자손들이 대대로 살아왔던 지역에 처음으로 이주하여 후손들에게 경제적 기반을 마련해준 입향조가 시조로 받들어졌다. 한국의 동성동본과 달리 입향조보다 앞선 세대의 조상들에 대해선 아무 관심이 없으며, 따라서 '아무개 사손'이라는 개념도 없다. 입향조의 한 후손이 많은 공동재산을 남기게 되면 그 후손의 직계 자손들은 분파되어 나갔다.

반면에 우리나라는 후손들이 조상 대대로 살던 곳을 떠나 다른 지역에서 몇백 년을 살아도 자신의 출신을 말할 때면 조상들이 살았던 행정구역의 명칭을 그대로 사용하여 그들의 후손임을 밝혔다. 만약 중국식이라면 남원에서 몇백 년 살아온 전주 이씨들은 아마도 남원 이씨가 되었을 것이다. 그래서 동성동본인 사람들은 일정한 지역이 아니라 전국적으로 분산되어 살았다.

조상 찾기 운동

고려시대나 혹은 그 이전 신라시대에 살았던 부계 조상을 자신들의 시조로 인정하는 씨족의식은 조선시대 중기부터 사대부 계층에서 나타나기 시작했던 것으로 보인다. 고려시대에는 본관을 따지는 관습이 없었다. 고려시대에 '본관'이라고 적은 한자어는 조상이 대대로 살아온 곳, 즉 '본적'과 같았다.[5] 당연히 '동성동본불혼'의 관습도 없었으며 왕실에서조차 동성·근친과의 결혼이 흔했다. 고려시대 조상의 개념은 아마도 조선 전기의 대표적인 가계기록이었던 팔고조도에 나타나는 것과 크게 다르지 않았을 것이다. 팔고조도는 '나'를 기점으로 하여 아버지 쪽과 어머니 쪽 양쪽으로 고조할아버지까지만 조상으로 인식하였다. 고조의 대에서 모두 16명의 조상이 존재하게 되는데 고조할머니들은 빼고 고조할아버지만 8명이 되기에 '팔고조도'라고 불렀다. 이러한 조상의 개념에서는 개인을 어느 조상 한 사람만의 후손으로 인식하지 않기 때문에 수십 대 위로 올라가며 시조나 파시조를 찾는 것이 무의미하다.

그런데 16세기 무렵부터 많은 유학자들은 집안에 내려오는 여러 가지 가계기록, 각종 문헌 자료, 묘비와 호적, 전해 내려오는 이야기 등을 수집해 고조 이상 윗대의 조상들을 추적하는 '조상 찾기' 사업을 벌이기 시작했다.[6] 예를 들면 안동의 의성 김씨 천전파의 파시조인 청계는 1576년에 300년 전 살았던 조상의 묘를 찾아내어 비석을 세우고 사당을 지었고, 그 이후에도 먼 조상의 묘를 찾아 제사를 지내고 행적을 발굴하는 숭조사업을 지속적으로 벌였다. 이 사업을 통해 확인한 조상들의 계보에 근거하여 동성동본집단 전체 혹은 그 일부인 '파'에 대한 '합동계보'를 간행했고, 이 합동계보가 바로 '족보'다. 대체로 17세기 후반부터 부계 조상과 남계 후손이 누구인가를 정확히 기록하는 족보의 편찬·간행이 활발해졌고 일제시대에 인쇄술과 통신, 교통이 발달하면서 족보 발간은 오히려 급증했다.

중요한 것은 우리나라 주요 족보에서 계보가 비교적 확실한 실질적인 시조(중시조)는 언제나 고려시대에 중앙의 정치무대에서 크게 성공하여 가문의 존재를 세상에 널리 알린 인물이라는 것이다. 그리고 중시조와 명목상의 시조 사이에는 정확한 계보를 알 수 없어 여러 세대가 비어 있는 경우가 많다. 이는 후손들이 의도적으로 중앙 정계에 진출하여 뛰어나다고 인정받은 조상을 중시조로 내세웠다는 것을 보여준다. 비슷하게 동성동본집단이 분파되어가는 과정에서도 높은 관직에 올랐거나 뛰어난 유학자로 이름을 날린 인물의 직계 후손들은 일정한 세거지를 중심으로 독립된 '파'를 형성하였고 이를 흔히 "문중" 혹은 "종중"이라고 불렀다. 앞에서 설명했듯이, '아무개의 후손'들로 구성되는 이들 부계친족집단이 지역사회의 향반을 이루었다.

요약하면 중국과 달리 조선 후기 지역화된 부계친족집단은 대대로 살고 있는 지역에 최초로 정착하여 후손들의 삶의 기반을 닦은 입향조가 아니라, 그보다 훨씬 전에 중앙의 정계에서 명망 높았던 조상을 중시조로 인정하고 내세웠으며 그 결과로 나타난 것이 본관이 같은 동성동본이라는 '씨족'의 출현이다. 즉 한때 중앙의 성세에서 출세해 활약했던 먼 조상과 자신을 동일시함으로써, 비록 지금은 중앙에서 멀리 떨어진 지방의 촌락에 살고 있어도 지역사회보다 더 큰 국가의 구성원으로서의 정체성을 확인하고자 하였다.

조상은 공적인 존재

본관제도는 한국 사회에서 '조상'으로 인정받고 기억되기 위해서는 중앙에 진출하여 널리 이름을 알려야 함을 잘 보여준다. 조선 후기 '조상'은 사적인 존재가 아니라 중앙정치의 가치를 대표하는 공적인 존재였다. 족보에는 공통 시조의 후손들의 이름과 생년월일, 사망 연도 이외에 과거 급제 여부와 관직에 대한 이력이 항상 기재되었다.

또한 '동성동본'과 '아무개 자손'이라는 정체성은 지역화된 부계 친족집단의 경계를 뛰어넘는다는 점에서 '혈연'이 지연보다 중요했음을 보여준다. 한국의 친족집단에서 아무개 자손이라는 특정 지역에 세거하는 종족집단lineage의 입향조는 현조와 일치하는 경우도 있지만 대개는 현조의 가까운 후손이었다.[7] 이는 친족집단에 파가 생기는 분절이, 지역이 아니라 '유명한 인물(현조)'을 중심으로 일어났음을 말한다. 씨족 내에 존재하는 파 혹은 파의 족보인 파보派譜의 명칭에는 언제나 파시조의 관직명이나 호가 들어가는 것이 원칙이며 지명이 들어가는 예는 없다.

보통 서구의 사회과학에서 혈연이 지연보다 중요하다는 것은 국가를 이루기 전 단계의 사회가 가진 특징이라고 본다. 그러나 조선은 이러한 이론이 틀렸음을 보여준다. 오히려 조선 사회에서 '혈연'이 중요했던 이유는 그만큼 중앙집권적인 관료제에 진출하는 것이 친족집단에 중요했기 때문이다. 즉 향촌사회의 부계친족집단은 지방의 가치가 아니라 중앙의 가치를 구현하고자 했다. 조선 후기 양반사회에서 '중앙'에 진출하는 것은 성스러운 가치를 부여받았다. 유교적 도덕질서를 세우고자 했던 국가체제에서 중앙은 모든 도덕적 권위의 원천이었다. 중앙정부의 관료가 되는 것은 군자로서 백성을 가르치는 어버이요, 스승으로 인정받는 것을 의미했다. 동시에 중앙에서 군자로 인정받음으로써 씨족과 가문의 존재를 세상에 널리 알릴 수 있었다. 이는 한국인들의 강렬한 중앙지향성, 정치지향성과 혈연집단의 공존을 잘 설명해준다. 엄밀한 의미에서 본관, 문중 그리고 가문 등의 친족집단은 사적인 영역이 아니라 공적인 사회조직의 일부였다고 할 수 있다.

민족주의적 역사관

나아가 국가사회에서 활동했던 한 사람의 뛰어난 부계 시조를 상정하는 본관의 개념은 민족주의적 서사로 쉽게 변환된다. 예컨대 현대 한국 사회에서 역사에 관심 많은 일반 교양인들이 '한민족의 기원'이나 비슷한 주제를 연구대상으로 하는 상고사에 대해서도 흥미를 갖는 것은 16~17세기 유학자들의 '조상 찾기'와 비슷하다. 부계친족 집단이 '한민족'으로 확대된 것만이 다르다. 그들은 1,000~1,500년 이상을 한반도에서 기반을 닦아온 우리들의 입향조가 아니라 한반도로 이주해 들어오기 훨씬 전, 아니 몇천 년 전까지 거슬러 올라가 북방의 광활한 영토를 종횡무진했던 한민족의 조상들을 찾기를 갈망한다. 더 넓은 사회에 나가 가문의 이름을 알린 조상을 찾았듯이 한반도의 경계를 넘어 동북아에서 인정받은 조상들을 찾아 헤맨다. 그 끝에 바로 신화적 인물 '단군'이 있다. 우리 모두 '단군'이라는 뛰어난 인물의 후손이어서 '남남'이 아니라 '한 핏줄'이며, 한때 북방을 정복했던 '우수한 민족'이라는 믿음이 '한민족의 기원'이나 상고사에 대한 유사역사학의 기조를 이루고 있다.

그러나 한번 생각해보자. 당신의 부모는 몇 분인가? 두 분이다. 조부모는 몇 분인가? 네 분이다. 증조부모는? 여덟 분이다. 이렇게 세대를 거듭해 올라갈수록 우리의 생물학적 조상들은 기하급수적으로 늘어난다. 이는 어느 한 개인은 수없이 많은 생물학적 조상들의 자손이라는 것을 뜻한다. 나보다 20대 위의 조상의 숫자는 104만 8,576명이다. 이 중 겹치는 조상들도 있을 것이다. 이를 감안해도 수 없이 많은 조상들이 있는 것은 변함없다. 그런데 이 생물학적 현상에 문화가 개입한다. 앞서 언급했듯이 조선 초기의 가계기록이었던 팔 고조도에서는 어디까지나 개인을 중심으로 위로 4대까지 8명의 남 자 조상만을 추적하였다. 반면에 부계로만 조상을 찾을 때 아무리 많 은 세대를 올라가도 부계 조상 한 사람만이 시조로 인지될 뿐이다. 그러나 부계 시조 한 사람이 아무리 뛰어나다고 해도 그가 단지 몇십 만 명의 생물학적 조상 중 한 사람에 불과하다면 그의 후손으로서의 자부심은 없어진다.

마찬가지로 몇천 년 전에 한반도 위의 북방을 '호령했던' 사람들 이 21세기 한반도에 살고 있는 사람들의 조상으로 간주될 수 있을 까? 반만년 전에 살았던 수없이 많은 우리의 생물학적 조상들이 중 앙아시아와 몽골뿐만 아니라 동남아에도, 중국에도, 일본에도 살고 있었을 것임을 추정하는 것은 어렵지 않다. 또한 그 조상들은 지금의 한국 말고 아시아 전역에 흩어져 살고 있는 사람들의 조상일 확률도 크다. 따라서 '한민족'이라는 것 자체가 17세기 이래 조선을 지배했 던 양반사회의 문화체계 속에서 뛰어난 조상 한 사람과 그의 남계 후 손들을 상정했던 친족개념이 확대된 허구적 개념이라고 할 수 있다.

고대사를 연구하는 것은 그 시대에 살았던 사람들이 현시대에 살고 있는 한국인의 조상인지 아닌지에 상관없이 그 자체로서 학문

적 가치가 충분하다. 우리가 '한민족의 기원'을 탐구하며 '훌륭했던'
조상만을 찾아 나설 때 한국사 연구는 조상이 얼마나 지혜롭고 훌륭
했는가를 보여주고자 하는 조선 후기의 족보적 역사연구가 확대된
것에 불과할 것이다. 한마디로 말해 몇백 년 전 혹은 몇천 년 전에 살
았던 사람들이 현재 살고 있는 사람들의 조상인지 아닌지의 여부를
말하는 일에는 아무 의미가 없다. 이제 아득히 먼 조상이 훌륭하다
고 해서 우쭐할 것도 없으며 또 조상이 못났다고 해서 기죽을 필요도
없다.

종법제

중국 고대의 종법제

소상과 우손을 동일시하는 '아무개 자손'이라는 혈연의식은 중국 고대의 종법제가 조선 후기 양반 계층에 널리 퍼지면서 강화되었다. 종법宗法제는 조상의 제사를 공동으로 지내는 친족집단을 구분하고 통합하는 제도로, 중국 주나라의 봉건제도 아래에서 실행되었다. 여기서 종宗은 피제사자被祭祀者와 그 묘廟를 말한다.[8] 종법에 따르면 적장자(본처의 맏아들)의 적장자는 조부의 제사를 지내고 차자의 적장자는 아버지 제사를 지낸다. 아버지 제사를 지내는 자는 소종이며 조부의 제사를 지내는 자는 대종이 된다.[9] 증조부의 제사를 지내는 자는 조부의 제사를 지내는 자에 대하여 대종이 된다. 대가 지나면서 '대종'은 시조의 적장자로 이어지는 '가'를 말하고, '소종'은 '대종'

의 차자(작은아들)에 의해 형성된 지파로서 대의 수에 따라 계속해서 생겨나게 된다. 전통적인 한국 가족에서 '대소가大小家'라고 하는 큰 집과 작은집들의 집합은 고조할아버지의 자손들이 이루는 대종과 소종에 해당한다고 할 수 있다.

종법제의 제사는 보통 고조(4대조)까지 지내는데 이는 중국 고대의 생사관에 기반을 두고 있다. 『주역』에 따르면, 인간은 죽으면 육체는 땅으로 돌아가고 마음은 육체와 분리되어 혼으로서 공중에 떠돌아다니다가 서서히 사라지게 된다.[10] 자손들은 상을 치른 후 돌아가신 분의 혼이 소멸할 때까지 그 혼을 조상신으로 모시게 되는데 이 기간이 대체로 4대손까지다. 이때 조상의 혼이 있는 곳이 신주이며 신주를 모시는 곳이 조묘(가묘, 사당)다. 왕가의 조묘가 바로 종묘다. 죽은 조상의 5대손에 이르면 조상의 혼이 소멸되었다고 생각하여 특별한 경우를 제외하고 제사를 폐지한다.

종법에 따르면 조상의 생명은 '나'를 통해 후손에게 이어진다. 그런데 조상의 생명을 물려받는 것에 남녀의 차이가 있다. 생명체의 기본물질은 '기'로 이루어졌는데 이 '기'는 아들이 아버지에게서 물려받으며 딸은 물려받지 못한다. 따라서 유교적 관점에서 보면 부계 조상만이 조상이라고 할 수 있으며 아들에게서 아들의 아들로 이어지는 남계 자손만이 후손이 된다. 반면에 조상의 기를 물려받지 못하는 딸은 제사를 물려받지 못하며, 따라서 대를 이어가지 못한다.

고대 중국의 종법제는 하늘에 대한 신앙과 함께 조상숭배를 강조하는 유교사상의 근원이 되었다.[11] 하늘에 대한 제사는 '천명'을 받드는 천자만이 지낼 수 있었지만 조상에 대한 제사는 일반 백성 모두가 지낼 수 있었다. 고대 중국인들은 조상신이 인간에게 재앙과 복을 내려주어 후손의 안위를 지배한다고 믿었으며 유학자들은 이런 믿음을 효 사상으로 체계화시켰다. 효를 의식적으로 표현한 것이 바로 '예'이며 제사의례에서 조상을 숭배하는 의식이 가장 잘 드러난다고 보았다. 공자는 효를 실천하는 데 있어 제사를 예법에 맞게 지내는 것이 부모가 살아계실 때 순종하는 것 이상으로 중요하다고 하였다.[12]

종법제에 근거한 조상숭배는 유교적 가족 개념의 근간이 되었다. 유교에서 이상적인 가족은 '오세동당五世同堂'이라고 하여 고조할아버지의 세사를 공동으로 지내는 자손들로 구성되며 이들 자손은 함께 살면서 재산을 공동으로 소유한다. 제사를 지내기 위해 존재하는 '가家'는 개인을 초월하여 영속적으로 존재하는 독자적 조직이 된다. 이러한 가족의 개념에서 개인의 생명은 그 자체로서 중요한 게 아니라 조상으로부터 물려받은 것이고 또한 후손에게 물려주어야 '가족'이 대를 이어 존속할 수 있기에 중요하다. 개인의 육신은 부모가 물려주었기 때문에 자기 자신만의 것이 아니라 부모의 것으로도 인식된다. 즉 '나'는 부모로부터 독립된 존재가 아니라 그들 생명의 연장이며 자손을 통해 이어져 간다고 볼 수 있다.[13] 그래서 개인이 자신의 생명을 훼손하지 않고 보호하는 것은 '몸을 온전히 보존하는 도리'라고 하여 효의 출발점이라고 보았다.[14] 맹자는 가족의 대를 이어 갈 후사가 없는 것이 가장 큰 불효라고 말했다.

유교에서는 조상제사를 지내기 위해 존재하는 '가족'과 효의 실천, 그리고 형제간의 우애를 가족보다 큰 사회의 질서를 유지할 수 있는 도덕적 기초로 보았다. '효제'로 축약되는 가족도덕은 사적인 관계를 규제하는 규범이 아니라, 가족 밖의 사회질서를 유지하는 데 절대적으로 필요한 '공적인' 규범이었다. 그래서 효를 '백행의 근원' 이라고 보았으며, 공자는 『효경』에서 "효도를 하면서 인仁하지 않은 자가 없고, 효도를 하면서 의義롭지 않은 자가 없다"고 말하였다. 천명을 받들어 도덕사회를 만드는 것을 통치의 목표로 삼은 유교적 국가에서 군자로서 나라에 충성하는 것은 효를 통해 가족에 충성하는 것과 배치되지 않았다. 오히려 국가에 공헌하여 역사에 이름을 남기는 '입신양명' 자체가 부모에 대한 가장 큰 효도였다. 그것은 "현재를 살아가는 내가 몸을 닦고 덕을 세워 사람의 도리를 행함으로써 널리 사람들을 이롭게 하고, 그 결과 미래의 역사에 이름을 날려 과거의 부모와 조상을 영광스럽게 하는 것"이었다.[15]

입신양명을 강조하는 유교의 효 이데올로기의 핵심에는 남녀 차별이 있었다. 앞에서 언급했듯이 딸은 조상의 생명을 물려받지 못해 제사를 이어갈 수 없으며 아들처럼 사회에 나가 입신양명을 이룰 수도 없었다. 『주역』은 음양 이론에 입각하여 남자는 양이고 여자는 음이며, 양인 남자만이 가를 대표하고 계승할 수 있고 음인 여자는 정치에 참여할 수 없다는 것을 분명히 하였다.[16] 남녀의 차별을 하늘과 땅의 높고 낮음으로 비유하여 여자가 남자에게 복종하는 것이, 인간이 거역할 수 없는 하늘의 이치라고 보았다. 따라서 유교에서 여자의 마땅한 역할은 직접 정치를 하는 것이 아니라, 정치를 하는 남자를 보좌하여 그가 입신양명에 성공하도록 '내조'하는 데 있었다.

조선의 종법제

조선 초기에는 엘리트 사대부가에서도 종법제가 잘 실행되지 않았다. 불교를 숭상했던 고려시대에는 왕실이 아닌 민간사회에서 조상에게 제사를 지내는 관습이 존재하지 않았다. 따라서 초기부터 조선 정부는 종법제를 소개하는 『주자가례』를 사대부들에게 나눠주며 익히도록 했고, 유교적 예에 맞지 않는 민간의 관습이나 풍속을 고치도록 하였다. 다른 한편으로 조선 정부는 중국과의 문화적 차이를 인정하고 중국의 예법을 무조건 도입하는 것에 소극적이었으며 급격한 변화보다 고유의 관습을 존중하고자 하였다. 양반 계층의 문중에서 보관해오던 『분재기』 등의 고문서를 보면 16세기 말까지도 유교식 제사를 지내지 않고 절에 가서 공양을 드리거나 무당을 불러 굿을 했다는 것을 추정할 수 있다.[17] 또한 아직 유교적 의례에 대한 이해가 충분하지 않아 많은 양반 집안에서 아들과 딸이 돌아가며 제사를 지내거나(윤회봉사), 아들이 없을 경우 딸이 제사를 지내는 외손봉사를 했음을 알 수 있다.

17세기에 들어서 유학자들의 성리학 이론이 심화되고 유림이 서원과 향약 등을 발판으로 향촌사회의 지배세력이 되면서, 종법사상은 양반 계층에 뿌리내리게 되었다. '봉제사 접빈객'이라는 말이 있듯이 이제 집안에서 수행해야 할 가장 중요한 일은 자녀 양육도 아니고 살림을 꾸리는 일도 아니고 조상제사를 받드는 일이었다. '효는 백행의 근본'임을 믿는 도덕사회에서 종법에 따라 제사를 지내는 것은 부모와 조상에 대해 효를 실천하는 신성한 일이 되었으며 자식은 무조건적으로 제사를 지낼 의무를 갖게 되었다. 부모의 제사를 지내지 않는 것은 부모와 자식 간의 사적인 인간관계상 문제가 아니라 '대의'를 추구하는 공동체의 질서를 허무는 반사회적·반공동체적 범죄행위였다. 이제 가묘 혹은 사당에 모셔져 있는 신주(위패)는 집과 가문을 상징하는 가장 중요하고 성스러운 물건이 되었다.

제사를 지내는 것이 극도로 중요해지면서 '가족'은 장남이 대를 이어가는 영속체로서 개념화되었다. 적장자는 무조건적으로 제사를 지낼 도덕적 의무와 특권을 갖게 되고 제사를 물려받는 그가 집안의 대를 이어가는 것으로 인식되었다. 작은아들은 결혼하면 분가하여 자신의 종宗을 세웠고 큰아들의 집을 '큰집' 혹은 '대종', 작은아들의 집을 '작은집' 혹은 '소종'이라 하였다. 제사를 물려받지 못하는 딸은 결혼하면서 시집 식구가 되었으며 사후에는 시집 조상으로 모셔졌다. 세대가 거듭되면서 큰집과 작은집은 '대소가'를 이루었고 종법제의 '오세동당'처럼 '동거동재'(함께 거주하고 함께 재산을 공유하는 것)하지 않아도 '한 집안' 또는 '일가一家'라고 불렸다. 대를 이어갈 아들이 없는 경우에는 부계친척 중에서 양자를 들여 집안 제사를 물려받도록 하는 관습이 조선 후기에 이르러 양반 계층에 널리 퍼지게 되었다.

　한국의 전통 가족·친족제도에서 제사를 얼마나 중요시했는가는 중국, 일본과 비교하면 잘 드러난다. 유교 문화권인 중국, 한국, 일본 모두 가족을 지칭하기 위해 한자 '家'를 쓰고 제사도 지내고 가족의 영속성을 중시하지만 '가'의 문화적 의미는 각기 달랐다. 이 차이를 간략하게 설명하면, 중국의 '찌아家'는 가계계승에서 가장 중요한 일이 재산상속이었다. 정작 종법제의 본산지인 중국에서는 종법제가 제대로 지켜지지 않았다. 기제사는 주로 부모에게만 지내고 그 이상의 조상에게는 지내지 않는 것이 일반적이었다. 또한 부모가 자식에게 경제적 기반이 될 재산과 자신의 위토거리를 남겨야 조상으로 기억되고 제사를 받을 수 있었다.[18] '적장자' 혹은 '종손'의 개념도 없었다. 모든 아들이 돌아가며 윤회봉사를 하는 것을 흔히 볼 수 있었다. 그리고 장자, 차자 구분 없이 아들은 재산을 똑같이 상속받았다. 일본의 '이에家'는 가업을 물려받는 것을 가장 중요시하였다. 제사는 가까운 조상, 기억이 나는 조상에게만 지내며 3대 정도 지난 조상은 급속히 잊혔다. 가업이 영속적으로 번성하는 것이 중요하기 때문에 '이에'의 재산은 모두 가업의 후계자인 맏아들이 단독으로 상속받으며 다른 자식들은 분가하게 된다. 친아들이 없을 경우 혈연이 아닌 사람도 양자로 맞아들여 가업을 물려주기 때문에 '이에'는 혈연 집단이 아니라고 보는 학자들도 있다.[19]

개인주의에서 집단주의로: 가족문화의 변화

종법제는 일상생활에서 '집' 혹은 '집안'이라고 부르는 '가족'의 개념과 가족관계에 획기적인 변화를 가져왔다. 제사집단으로서 '가'의 영구적 존속이 도덕적 당위가 되면서 조선 전기의 개인주의적 가족문화는 집단주의적 문화로 바뀌어갔다. 여기서 개인주의는 이기주의와 다르다. 이 글에서는 집단이 아닌 개인이 행위의 주체로 인식된다는 의미로 '개인주의'라는 용어를 쓰고자 한다.

현대 한국 사회에서도 대부분의 사람들은 일상생활에서 '집'을 행위의 주체로 본다. 즉 어떤 사람을 알게 될 때 그를 독립적으로 존재하는 개인이 아니라 그가 속한 '집'의 구성원으로 우선 파악한다. 친척이 누가 있냐고 물어보면 친척 한 사람 한 사람 이름을 다 말하지 않고 "고모네, 이모네, 외삼촌네, 큰집, 작은집", 이런 식으로 나열하는 것을 쉽게 볼 수 있다. 즉, 고모와 고모부, 고종사촌들을 모두 뭉뚱그려서 '고모네'라고 간단히 표현한다. 참고로 미국의 백인 중산층에게 친척이 누가 있냐고 물어보면 그들은 아마 "Uncle John, Aunt Sara, Cousin Bill, Cousin Amy", 이렇게 자기 친척 한 사람 한 사람의 이름을 밝힐 것이다.

　가족이 제사라는 도덕적 의무의 수행을 강조하는 영역이 되면서 가족 한 사람 한 사람은 개인으로서가 아니라 '우리' 집안을 위해서 살아야 하는 존재가 된다. 즉, '나'는 가족과 친족집단의 한 부분으로서 인식되기 시작한 것이다. '나'는 이미 존재하고 있는 집에 태어나서 집안을 위해 살다가 죽은 후에는 집안의 조상이 된다. 남자인 '나'는 결코 내가 태어난 집을 떠나지 않는다. 성장해서 결혼을 해도 부모님과 함께 살던 집을 떠나 새로 독립된 가정을 만들지 않는다. '나'는 조상 대대로 존재한 '우리 집'에 아내를 데리고 올 뿐이다. 아들 또한 컸다고 하여 '우리 집'을 떠나지 않는다. '우리' 집안은 '내'가 죽은 후에도 '우리' 아들이 물려받고 또 그 아들의 아들이 물려받아 영속적으로 존재하게 된다. 즉 내 자식이 성장하고 떠나면 나의 가정이 축소되고 내가 죽은 후에 소멸되는 것이 아니다. 그보다는 '우리' 집안의 대가 끊겼을 때 '나 자신'과 조상의 삶이 끊기게 된다. 다시 말하면, 자손만대로 이어지는 생명의 전승을 통해 '나'의 유한한 삶이 '우리'라는 '가' 혹은 집안의 영원한 삶으로 변환될 수 있고 '나'와 '우리'가 동일시될 수 있다.[20] 이제 양반사회에서 '나'의 삶의 목표는 조상에서 자손으로 이어지는 '우리' 집안을 영광스럽게 하는 것이 되었다.

조선 전기의 개인주의적 혈연의 개념은 팔고조도와 같은 가계기록에 잘 나타나 있다. 팔고조도는 '나'를 중심으로 하여 '나'의 뿌리를 찾아가는 서양인의 가계기록과 비슷하다.[21] 반면에 17세기 후반 무렵부터 활발하게 간행되었던 후기 족보에서는 자신이 속한 부계친족집단을 중심으로 하여 공통의 부계조상을 찾아올라갔다. 족보에서 중요한 것은 내가 어느 세대, 어느 계파에 속하는가를 파악하는 것이다. 따라서 족보에서 '나'는 어디까지나 부계친족집단 전체의 한 부분으로서 존재할 뿐이다. 또한 족보를 편찬하는 일 자체가 유학자 개인이 혼자서 하는 작업이 아니라 씨족원들이 공동으로 발의하고 비용도 함께 부담하는 씨족집단 전체의 일이었다.

현대 한국인에게도 익숙한 '가장'이라는 개념은 고려시대나 조선 초기에는 존재하지 않았다. 제사집단으로서의 가를 사회에 대표하는 '가장'이라는 용어가 법적 개념으로 사용되기 시작한 것은 조선시대 성종 때 『경국대전』이 완성된 이후다.[22] 『경국대전』이 편찬되기 전에는 가족관계는 부모, 자녀, 부, 처, 조부모, 손자 식으로 개별적이고 구체적인 혈연관계로만 파악하였다. 그런데 국가가 '가장'이라는 개념을 실제로 활용하게 되는 것은 『경국대전』이 완성되고 훨씬 후의 일이다. 17세기 중반 숙종 대에 이르면 가족을 대표하는 가장의 의무와 책임 그리고 권리가 법으로 규정되었고 가장권은 법적인 보장을 받게 되었다. 가장으로서 집안을 잘 통솔하지 못한 사람은 그전보다 중한 처벌을 받게 되었으며 가장에 대한 범죄는 다른 가족에 대한 범죄보다 더 엄벌을 받게 되었다. 이와 비슷하게 개인이 아니라 가족이 재산 소유의 주체가 되는 '가산家産'의 개념 역시 조선 초기에 편찬된 『경국대전』에 나오지 않는 것으로 보아 조선 후기에 확립된 개념이라고 추측된다.

공적 영역으로서의 가족: 입신양명

개인을 초월하여 영속적으로 존재하는 제사집단으로서의 '가족'은 더는 사적인 영역이 아니었다. 제사를 유교적 예에 맞춰 시내는 것은 집안 조상과 후손들의 도덕적 행적을 지역사회에 과시하고 가문의 사회적 지위를 재확인하는 공적인 행사였다. 조상의 신주에는 조상의 관직명을 꼭 새겼고 관직에 오르지 못했을 경우에는 '학생'이라고 새겼다. '학생'은 유학자이지만 관직자가 아닌 사람을 뜻했다. 신주에 관직명 혹은 '학생'이라고 새기는 것은 조상이 덕치를 추구하는 정치사회에서 '대의'를 위해 살았음을 보여주는 일이다. 즉 조상과 후손과의 관계에 있어 중요한 것은 감정적인 사적 유대가 아니라 중앙의 정치사회에서 성취한 사회적 지위였다. 이를테면 높은 관직에 올랐던 아버지는 아무리 자식에게 냉정하고 무관심했어도 '훌륭한 아버지'로 지역사회에서 인정받았다.

　집을 대표하는 가장, 그리고 가장의 지위를 물려받거나 분가하여 자신의 종을 세우는 남자들이 집안을 위해 해야 할 가장 중요한 일은 바로 '입신양명'이었다. 유교가 가장 중요시했던 효도는 자신에게 생명을 준 부모를 공경하고 그 은혜에 감사하는 것인데, 이러한 효도는 제사집단인 '가족'을 일으키는 것을 통해 이루어졌다. 그리고 공적 영역인 '가'를 일으키는 것은 곧 중앙의 정치사회에 참여하는 일, 즉 '입신양명'을 이루는 것이었다. 도덕국가를 세우는 것을 목표로 삼는 왕조에서 관직자가 되는 것은 곧 도를 실천하는 것이었고 역사 속에 이름을 날림으로써 조상을 영광스럽게 하는 삶을 살 수 있었다.

가장이 바깥 사회에서 성취한 것은 조상과 후손을 포함한 집안의 모든 식구들과 공유되었다. 중앙의 정치권에서 인정을 받게 되면 본인뿐만 아니라 조상과 후손에 대해서도 특권이 부여되었다. 본인에게는 종묘, 문묘, 서원 등에 모셔지는 특전, 시호를 받는 특전, 불천의 특전 등이 주어졌다. 조상과 자손에 대해서는 증직(사후에 받는 관직)과 음직(후손에게 주는 관직)의 혜택, 면역의 혜택 등이 주어졌다. 모든 남자가 입신양명을 이룰 가능성은 적었지만, 그것에 대한 욕구는 강력한 성취동기를 제공하였다고 할 수 있다. 남자라면 입신양명을 성취하도록 노력할 것이 기대되었다.

여성과 서얼의 차별

제사집단 안에서의 가족관계는 '누가 제사를 물려받느냐'에 따라 도덕적으로 불평등한 위계적 관계로 재편되었다. 제사를 물려받는 적장자는 그렇지 못한 자식에 비해 도덕적 우월성을 부여받았다. 특히 4대 조상을 모시는 '종가'와 '종손'은 특별한 존중과 대우를 받는 지위가 되었다. 반면에 제사를 물려받지 못하는 딸과 서얼은 도덕적으로 열등한 지위에 놓이게 되고 이들에 대한 차별과 천대가 조선 후기 들어 특히 심해졌다.

새로운 집의 개념이 확립되면서, 사회에 집을 대표하는 남자들의 '바깥' 영역과 이를 보조하는 여자들의 '안'의 영역 구분이 뚜렷해졌다. 여사들은 입신양명을 추구하는 남자의 바깥 활동을 집 안에서 돕는 '내조'의 역할에 온 힘을 기울이며 살아야 했다. 특히 유교의 례를 엄격히 실행하고자 했던 양반 계층에서 안과 밖의 구분은 철저했다. 성종 때 완성된 『경국대전』은 여성이 절에 가거나 산행하는 것을 금지하였다. 여자가 부득이 외출할 때는 장옷으로 얼굴을 가려야 했다. 생명의 전승은 오로지 아버지에게서 아들로 이어졌기 때문에 여성은 집을 대표하는 가장이 될 수 없었다. 여성의 경우 혼인을 통해 다른 집으로 들어가서 그 집안의 자식을 낳고 그 집안을 위해 살아야 하며 죽어서는 그 집안의 조상이 되어야 했다.

재산상속에 있어서도 조선 전기에는 부모의 재산을 아들딸 구분

없이 모든 자식에게 똑같이 나눠주었고, 아들이 없을 경우 딸이 거의 물려받았으며 사위가 들어와 사는 관습도 널리 퍼져 있었다. 그러나 조선 후기에는 집안을 대표하여 제사를 물려받는 맏아들이 좀 더 많은 재산을 상속받기 시작했으며 제사를 물려받지 못하는 딸들은 점차 재산상속에서 배제되고 차별받았다. 아들이 없는 경우 아무리 딸들이 많아도 외손봉사를 하지 않게 되었고 양자에게 제사와 함께 가산의 대부분을 물려주는 관습이 널리 퍼졌다.

딸에 대한 차별은 족보에 기재되는 내용의 변화에 잘 나타난다. 15세기부터 17세기 중엽 이전에 간행된 몇 안 되는 초기 족보들은 형식이나 수록 내용에 있어 조선 후기에 편찬된 족보와 다르다. 초기 족보는 자녀를 아들딸 구별 없이 출생 순서대로 기록하였으며 딸의 자손, 즉 외손들도 세대에 제한 없이 기재하였다. 그러나 후기 족보는 대를 이어가는 아들들을 출생 순서대로 기록하고 그다음에 딸들을 올렸고 외손은 기재하지 않았다. 집안의 대를 이어갈 아들이 없을 경우에는 아무리 딸들이 많고 또 딸에 대한 정이 많아도 후손이 없다는 뜻의 '무후無後'로 기록하였다. 반면 전기 족보에는 아들딸 모두 없을 때 무후라고 기록하였다. 딸을 '자식'으로 치지 않는 경향은 내가 자료수집을 했던 1990년대까지도 농촌에서 흔히 볼 수 있었다. 이를테면 노인들에게 자식이 몇이냐고 물어보면 많은 분들이 딸들은 세지 않았다. 딸이 셋이고 아들이 하나일 경우 그들은 자식이 하나밖에 없다고 대답했다.

종법사상이 확산되면서 제사를 물려받지 못하는 서얼(첩의 자식)에 대한 차별과 천대도 심해졌다. 대대로 이어지는 가의 전승은 정당한 생명적 관계에 기초해서 이루어져야 한다는 것이 종법의 핵심이었다. 유학자들은 개인이나 집단이나 바르게 전승되는 것을 정통正統이라 하였고 바르지 못한 전승을 비정통이라 하여 구분을 엄격히 하였다. 그래서 공동체에서 인정받는 정식 혼인을 한 정처正妻가 낳은 '적장자'만이 집안의 대를 이어갈 수 있었다.

'서얼'은 신분이 양민인 양첩이 낳은 '서자'와 천민인 천첩이 낳은 '얼자'를 합친 말인데 그들의 자손까지 다 일컫는다. 즉 첩의 후손은 10대가 지나도 여전히 차별을 받았으며, 자손이 입장에서는 10대 위의 할머니가 정실부인이 아니었다는 이유로 사회생활에서 양반으로 인정받지 못했고 차별을 받아야 했다.

적서의 엄격한 구분은 고려시대나 중국에서는 보기 힘들었다. 고려시대에는 일부다처제가 널리 행해졌었는데 국왕도 여러 왕비를 두었고 이들 사이에 지위의 차별이 별로 없었다. 명·청 대의 중국에서는 과거시험과 관리 등용에 있어 서얼에 대한 차별이 전혀 없었다.[23] 그러나 조선 정부는 '적서의 분'을 철저히 하여 본처의 도덕적·신분적 우월성을 강조하였다. 태종은 혼인 시기를 기준으로 정처와 첩을 구분하고 법령에 의해 정처 이외에는 모두 첩의 신분으로 만들었다.[24] 성종은 서얼 자손의 과거(문과와 생원·진사시) 응시를 금지하는 서얼금고법을 제정하였다.

조선에서 심했던 적서의 분은 명·청 대 중국의 족보와 조선 후기 족보를 비교하면 잘 드러난다. 송준호의 연구에 따르면[25] 중국의 족보에는 적자인지 서자인지 구분 없이 출생순으로 자식을 기재하며, 서자의 경우 누구 소생인지 어머니의 이름을 밝힌다. 조선시대 족보에서는 무조건 적자녀를 다 올린 다음에 서자와 얼자를 수록하였다. 그리고 한 남자의 측실이 누구인가를 밝힌다는 것은 상상조차 할 수 없는 일이었다.

이러한 차별에 대해 송준호는 그만큼 중국과 비교하여 조선의 유학자들이 적서의 분이라는 유교적 원칙을 훨씬 더 신봉했다고 지적하고 있다.[26] 조선의 유학자와 관직자들에게 정통성을 따지는 것은 사회기강을 지키는 기본원칙이었으며 천륜의 하나였다. 적서를 구분하지 않는 것은 "한 남자에게 동시에 둘 또는 그 이상의 정실부인이 있을 수 있다는 것을 뜻하며, 따라서 그것은 저 하늘에 태양이 하나밖에 없듯이 한 나라에는 오직 한 사람의 군주가, 그리고 한 여자에게는 오직 한 사람의 지아비가 있을 뿐이라는 전통적 유교이론에도 위배되는" 것으로 당시의 양반 지식인들은 생각했다.

실제로 양반사회에서 적서의 분의 원칙은 중국 고대의 종법제에 규정된 것보다 훨씬 심화된 형태로 실천되었고, 그 결과 조선 후기에는 양자제가 성행하였다. 중국의 종법제에 따르면 적장자가 없을 때 서자가 제사를 물려받는 것이 원칙이었다. 세종 19년에 제정된 양자 입후에 관한 법에서도 적자도 서자도 없을 경우에만 양자를 들이도록 규정하였다.[27] 그러나 현실에 있어서는 서자에게 제사를 물려받게 하는 것은 그 자손이 대대로 천한 지위를 승계하여 관직에 진출하지 못하는 것을 의미했으며 궁극적으로 가문의 몰락을 뜻했다. 따라서 조선 후기에는 적장자가 없을 경우 혈연적으로 가장 가까운 서자 대신에 아무리 촌수가 멀어도 부계친족을 양자로 들여 제사를 이어가는 관행이 양반 계층에 널리 퍼졌다.

부계종족 '파'의 형성

제사집단으로서의 집안 혹은 가문은 뛰어난 조상, 즉 입신양명에 성공한 조상이 나타나면서 더 큰 친족집단으로 확장된다. 종법제가 확립되기 전에는 서류부가婿留婦家의 관습 때문에 한 지역에 부계친족들이 모여 사는 부계집단이 형성되기 힘들었다. '서류부가'는 신부의 집에서 혼례식을 올리고 그 후에도 자식을 낳고 그 자식이 클 때까지 오랜 기간 신부의 집에 머무는 관습을 말한다. 고려시대와 조선 전기까지 널리 퍼져 있었다. 그러나 조선 중후기에 종법제가 양반 계층에 널리 퍼지면서 '서류부가'의 관습도 사라져갔다. 이는 재산의 대부분을 물려받게 된 남계자손들이 조상이 살던 곳에 대대로 눌러 살게 되었음을 의미한다. 이들 부계친족은 1년에 한 번 고조 윗대의 조상들 묘소에서 시제를 지냈는데 이를 위해 조직되는 종족을 문중 혹은 종중이라고 하였다.

　지역화된 부계친족집단이 '아무개 자손'이라는 '파'를 형성하고, 또 세대가 지나면서 내부적으로 파가 갈라지는 계기는 어느 뛰어난 유학자나 관직자가 사후에 왕으로부터 불천지위를 하사받을 때 이루어졌다. 불천지위를 받는 조상은 학문이 깊고 덕망 높은 유학자나 관직자로 이름을 날렸거나, 효 또는 충절과 같은 유교적 덕행을 실천하여 나라에 큰 공헌을 했던 조상이다. 국왕으로부터 불천지위를 받은 조상은 사후 4대가 지나도 제사를 폐지하지 않는 특권을 부여받게 되는데 그 조상의 후손들은 독립된 파로 지역사회에서 인정받았다.

　불천위 조상이 되는 것은 드문 일이었으며 그 후손에게는 조상의 높은 도덕성을 공유하게 되는 아주 명예스러운 일이었다. '아무개 자손'들은 자신들만의 불천위 조상의 제사를 지내면서 방계자손들보다 도덕적으로 우월함을 내세우며, 기존의 종족집단으로부터 독립된 분파를 형성하게 된다. 또한 이렇게 형성된 '파'가 여러 세대가 지나며 분절되는 것은 후손 중 누군가가 과거 급제하고 관직에 올라 중앙의 정계에 진출하게 될 때다. 그의 사후에 몇 세대가 지난 후 남계자손들이 위토를 마련하여 돌아가신 조상에게 별도로 제사를 지내고 묘소관리, 문집 발간 등 조상의 업적을 빛내기 위한 활동을 함께하게 될 때 다른 방계자손들과 구분되는 지파가 형성되었다.

　'아무개 자손'이라는 부계친족집단이 인물 중심으로 형성되고 분파되는 과정은 조선 후기 양반사회에서 중앙의 정치사회와 친족집단은 서로 독립된 별개의 영역이 아니었음을 잘 보여준다. 부계친족집단은 중앙 정계에 진출해 덕망과 학문, 혹은 높은 관직을 얻었던 뛰어난 인물이 없었다면 형성되지 못했고, 분파도 일어나지 않았다. 중앙의 관료조직에 나아가 군자로 인정받는 것은 문중과 가문의 이름을 널리 알리는 효의 덕목이었으며 가장 중요한 친족가치였다. 친족집단에 충성하는 것과 중앙의 왕권에 충성하는 것이 동일하였다. 오히려 친족이 중앙의 관료제에 많이 참여할수록 친족집단의 위세는 커갔다. 중앙의 정치권과 상관없이 지방에서 자기 힘으로 세력을 키운 인물은 친족집단의 확대와 분절에 아무 영향을 주기 못했을 것이다. 조선에서 '아무개 자손'이라는 부계친족집단은 역설적으로 극도의 중앙집권석 정치행태와 맞물려 있었다.

수신제가치국평천하

요약하면 한국의 전통적인 가족·친족집단은 유교의 종법제에 기초한 제사집단이었으며 17세기 이후 양반 계층에 확립되었다. 종법제는 '집家'을 적장자가 제사를 물려받아 끊임없이 대를 이어가는 영속체로 만들었다. 조상 대대로 그리고 자손 대대로 이어지는 제사는 조상과 자손을 동일시하는 '우리'라는 혈연의식과 집단의식을 강화시켰다. 개인은 독립된 생명이 아니라 부모와 조상의 생명이 연장된 존재로 인식되었고, 영속적으로 존재하는 집과 친족집단은 개인 자신의 일부가 되었다. 동시에 제사집단으로서의 '집안'은 정치사회에 종속된 공적인 영역으로 변환되었다. 제사는 '중앙'의 정치사회에서의 지위를 재확인하는 공적인 행사였다.

공적 영역인 집을 대표하는 가장으로서 남자들이 이루고자 하는 가장 중요한 일은 '입신양명'이었다. 중앙의 관계에 진출하여 역사에 이름을 남겨 집안을 일으켜 세우고 가문의 이름을 빛내는 것은 생명의 근원인 조상과 부모에게 할 수 있는 가장 큰 효도였다. 그러나 입신양명의 이면에는 정치사회로부터 격리되어야 했던 여성과 서얼에 대한 차별이 있었다. 여성과 서얼은 제사를 물려받지 못하는 도덕적으로 열등한 존재가 되었고 '가'를 대표하는 역할을 할 수 없었다. 마지막으로 중앙의 정계에 진출하여 높은 관직에 올랐거나 명망 높은 유학자가 된 조상은 지역유림의 청원에 따라 왕으로부터 시호와 함께 제사를 영원히 받으라는 뜻의 '불천지위'를 받게 되는데, 그 조상의 후손들은 '아무개 자손'이라는 부계친족집단을 형성하였다.

종법제가 만들어낸 정치와 가족·친족집단 간의 이러한 관계는 서구의 근대사상이 가족의 영역과 정치의 영역을 근본적으로 다른 것으로 취급하고 엄격히 분리했던 것과 대조적이다. 근대사회에서 가족은 도덕적이고 애정적인 관계가 지배하는 영역이고 가족 밖의 사회, 특히 정치 영역은 강제적인 무력을 가진 공적인 제재, 즉 법에 의해 규제된다. 그러나 종법제에 기반한 유교 이론은 가족·친족 집단 내 '효제'의 도덕률이 가족 밖의 사회에 확대 적용될 수 있다고 보았다. 유교에서 효자는 도덕사회를 이끌고 갈 수 있는 '의로운' 자였다. 자기수양을 하고 효를 실천하여 집안을 평안케 하는 사람은 나라를 잘 다스릴 수 있다는 '수신제가치국평천하'의 논리는 조선 후기 양반사회를 움직인 사회구성의 원리였다.

서구 근대국가와의 이러한 차이는 조선 후기 국가가 궁극적으로 지향했던 이상향이 도덕사회였기 때문이라고 할 수 있다. 정치가 종교와 도덕으로부터 분리되는 것을 강조했던 근대사상과 달리 유교의 덕치주의는 하늘의 뜻, 즉 '천명'을 받들어 도덕적 사회를 만드는 것을 정치의 목적으로 삼았다. 집과 문중에서 제사 지내는 '조상'은 단지 혈연적인 조상을 의미하지 않았다. 중앙에서 성공했던 뛰어난 조상을 통하여 후손들은 그의 도덕적 우월성을 공유하게 되고 선비의 꿈인 입신양명을 간접적으로나마 성취하는 자부심을 느낄 수 있었다. 즉, 지방의 촌락에 살았던 선비들은 조상숭배를 통해 중앙의 정치사회에서 역사를 만들어나갔던 덕망 높은 양반으로서의 정체성을 획득할 수 있었다.

'수신제가치국평천하'에서 나타나는 양반사회의 정치와 친족 간 관계는 현대 한국 사회를 이해하는 데 아직 유효하다고 보인다. 특히 조상이 반국가 혹은 반민족 행위자로 낙인찍혔을 때 가족의 공적인 측면이 잘 드러난다. 아버지가 공산주의자로서 월북했거나 한국

전쟁 때 처형된 경우 자식은 아버지 제사를 당당하게 지낼 수 있었을까? 그렇지 못했다. 인류학자 권헌익이 한국의 친족에 관한 최근의 논의에서 지적한 것처럼,[28] 분단의 시대에 월북자 혹은 빨갱이로 죽임을 당한 많은 사람들이 조상으로서 제사에 모셔지지 못했다. '빨갱이'였던 조상들은 각 집안의 "조상 아닌 조상"[29]이 되었고 사람들은 쉬쉬하였다. 만약 제사가 조상과 후손 간의 감정적이고 사적인 유대를 표현하는 의례라면 제사를 지내지 못할 이유가 없었다. 그러나 제사는 '아무개 자손'이라는 정치사회에서의 지위를 확인하는 공적 의례였다. 반공을 국시로 하고 조상과 후손을 동일시하는 유교 문화에서 공산주의자의 후손이라는 사실을, 제사를 통해 공동체에서 반복적으로 재확인하는 것은 개인에게는 너무나 고통스러운 일이 된다.

권헌익은 일제 시기 유명했던 어느 한 공산주의 운동가의 양자가 제사를 피했던 사연을 소개하였다. 공산주의자 양아버지는 한국전쟁 이전에 사망했는데 그의 양자는 성장기에 따돌림과 불이익을 당했던 쓰라린 기억이 있어 항상 억울하게 느꼈다. 그런데 근래에 양아버지가 '독립운동가'로 복권이 되어 제사를 지내고, 독립운동가의 양자라는 사실을 다행으로 느낀다고 하였다. 즉 양아버지의 정치적 지위가 회복되고 상승하면서 이미 돌아가신 아버지와의 감정적 유대관계도 함께 변하는 걸 볼 수 있다.

반대로 정치 혹은 공적인 영역에서의 활동이 도덕적 의미를 띠게 될 때 한국의 시민사회에서 '우리'라는 공동체 의식은 손쉽게 가속 밖의 사회조직으로 확대된다. 우리 집, 우리 학교, 우리 회사, 우리 나라, 우리 민족 등으로. 사적인 개인은 '우리'의 일부가 되어 강력한 집단주의적 사고에 종종 매몰되어 버린다. 조상과 후손이 동일시되니 몇백 년 전, 몇천 년 전 단군시대의 역사까지 바로 나 자신의 일이 된다. 적서의 분을 따지듯이 역사적 사건에서 누가 더 도덕적으로 우월한가 정통성을 따지고 시시비비를 가리고자 한다.

수양대군을 변호하며

도덕적 가치관으로 역사를 재단했던 조선 후기 성리학자들에 의해 부정적으로 평가받았던 조선의 군왕 중 수양대군이 있다. 한국 사회의 대중적 역사담론에서 수양대군은 나이 어린 조카를 죽이고 왕위를 찬탈한 잔인한 왕으로 각인되어 있다. 탐욕스러운 삼촌에게 왕의 자리를 뺏기고 죽임을 당한 단종의 애통한 이야기는 우리에게 너무나도 잘 알려져 있다. 수양대군의 계유정난을 소재로 하여 수년 전에 만들어진 영화 〈관상〉에서도 수양대군은 '역모를 꾸미는 역적'의 관상을 가진 아주 흉악하고 패륜을 행하는 악랄한 인간으로 묘사된다. 〈관상〉은 900만 이상의 관객을 끌어들이며 많은 인기를 누렸는데 이는 역사적 사건을 선악의 대결로 보는 성리학적 역사관이 여전히 현대 한국 사회에 팽배해 있음을 잘 보여준다.

대중에게 인기 있는 조선시대 역사 이야기에서 보통 세조의 '왕위찬탈'에 반대한 사육신은 죽음을 무릅쓰고 불의에 저항한 의로운 선비로 그려지며, 수양대군의 왕위계승을 도운 정인지나 신숙주 등은 임금에 대한 의리와 충절을 버리고 권력에 아부한 만고의 간신으로 회자된다. 그러나 수양대군이 왕위에 오르는 과정을 조선 초기의 문화적 맥락 속에서 살펴볼 때 그에 대한 극도의 부정적 평가는 과도한 면이 있다는 생각이 든다.

수양대군이 왕위를 찬탈했다는 인식은 유교의 종법사상에 근거하고 있다. 앞에서 설명한 대로 종법제에 따르면 아버지가 돌아가신 후 본처의 맏아들이 제사를 지내고 집안의 대를 이어간다. 작은아들은 아버지의 대를 잇지 못하기 때문에 결혼 후 분가해 나가 자신의 집안을 세운다. 그런데 맏아들이 죽을 경우 맏아들의 맏아들, 즉 장손이 아버지로부터 할아버지 제사를 물려받고 대를 이어간다. 작은아들은 혈연적으로 아버지의 친아들이지만 형이 지내던 아버지의 제사를 장조카에게서 가져오지 못한다. 다시 말하면 큰아들의 사후에는 혈연적으로 더 가까운 작은아들이 아니라 큰아들의 큰아들이 할아버지 제사를 물려받게 된다.

종법제는 중국의 주나라에 있던 제도였지만 정작 중국에서는 진한시대 이후에는 소멸해버렸다. 조선 초기 유학자들은 이 종법제를 확립하려고 무던히도 노력하였지만 1600년대 이후에야 양반 계층에 뿌리를 내리기 시작했다. 종법에 근거한 적장자 계승의 원칙은 조선 초기에는 왕실에서도 민간에서도 거의 지켜지지 않았다. 문종이 왕위에 오른 지 2년 만에 병으로 승하하고 만 11살의 단종이 왕위에 오른 게 1452년이었다. 고려가 1392년에 망하고 60년밖에 지나지 않았다. 1400년대는 사대부들도 종법제를 『주자가례』라는 책을 통해 학습하던 시기였다. 적장자가 집안의 대를 이어간다는 생각은 희미해서, 사대부가에서도 많은 경우 제사를 아들딸 구분 없이 돌아가면서 지냈다. 즉 맏아들에서 맏아들로 영속적으로 대를 이어가게 되는 집안으로서의 '가'의 개념은 존재하지 않았다. 당연히 종가나 종손의 개념도 확립되지 않았다. 부모의 재산도 아들딸에게 똑같이 분급하는 것이 원칙이었다.

문종이 11살짜리 세자를 두고 눈을 감았을 때 당시의 가족 개념에 따르면 왕의 형제들도 왕위를 계승할 명분이 충분히 있었다고 보인다. 더구나 문종은 재위 2년 만에 승하하였다. 세자였던 문종의 아들 홍위가 왕위에 오르지만 이제 막 11살로 왕국을 통치할 수 없는 어린 나이였다. 그의 친어머니가 그를 낳고 곧 죽었기에 수렴청정할 대비도 그리고 대왕대비도 없는 상황이었다. 즉 어린 왕의 왕권을 보호해줄 외가도 있지 않았다.

수양대군은 문종보다 3살밖에 어리지 않았으며 문종이 승하했을 때 36살로 군왕의 나이로서 부족함이 없었다. 세종의 자식들 중에서 가장 어른이었으며 능력과 자질 면에서도 호방하고 문과 무에 모두 뛰어났다. 수양대군이야말로 나이 어린 왕을 대신하여 섭정할 자격과 능력이 갖춰진 왕실의 어른이었다. 사실 문종이 너무 짧은 기간

왕으로 있었기에 선왕이었던 세종의 지위를 11살짜리 어린 장손이 물려받느냐, 아니면 똑똑하고 유능한 둘째 아들이 물려받느냐의 이슈였다고도 볼 수 있다.

평균 수명이 짧았던 전산업사회에서 나이 어린 자식을 두고 아버지가 일찍 죽는 일은 종종 일어났다. 이런 경우 망자의 형제가 사회적 지위를 계승하는 형제상속은 북아프리카 부계사회, 중동의 이슬람 사회, 동북아시아의 다양한 민족집단 등에 널리 퍼져 있었다. 고구려에는 형사취수兄死娶嫂의 관습이 있었다. 즉 형이 죽으면 동생이 형의 아내를 취하는 관습인데 형의 지위를 그대로 계승하는 것이라고 볼 수 있다. 신라시대나 고려시대에 형제가 왕위를 계승한 사례는 드물지 않았다. 고려를 건국한 왕건은 『훈요십조』에서 세자가 너무 어려 국정을 제대로 수행할 수 없을 때 형제가 왕위를 계승할 것을 권고하였다. 사실 나이 어린 왕이 등극할 경우 국가의 안위와 질서는 위태해진다. 누가 권력을 행사할 것인가? 어린 왕은 허수아비나 마찬가지이기 때문에 누군가는 왕국을 통치해야 한다. 실제 권력을 쟁취하기 위한 피 튀기는 투쟁이 이어질 것은 상상하기 어렵지 않다. 그렇기 때문에 자식이 어릴 경우 형제가 왕위를 계승하도록 한 것은 왕권을 안정시키고 국가를 보위하기 위한 현실적 방법이었다고도 할 수 있다.

수양대군이 김종서와 황보인 그리고 그들과 한편이 되었던 안평대군 일파를 무참히 죽였던 계유정난, 단종의 양위와 수양대군의 왕위계승, 사육신의 단종 복위 음모, 그리고 단종의 죽음으로 이어지는 일련의 사태는 누가 선이고 악인가를 규정하기 애매한 권력투쟁으로 보인다. 실제 왕좌는 비어 있는 것이나 마찬가지였다. 권력을 탐하는 세력들이 힘과 지략으로 결투하는 일만이 남아 있었다.

세종으로부터 단종을 보위해달라는 고명을 받았다는 김종서와 황보인의 독주는 당시 사육신이 포함된 집현전 학사들도 경계하였다. 신진사대부였던 사육신이 보기에 나이 어린 왕은 오히려 전제적 왕권을 제압하고 덕망 높은 유학자들에 의한 왕도정치를 실현시킬 좋은 기회일 수 있었다. 그러나 유교적 종법제가 실생활에서 거의 수용되지 않았던 시대에 왕권이 하루속히 안정되길 바라고 국가 안위를 걱정하는 입장에서는 강력한 리더십을 갖고 있었던 수양대군의 왕위계승을 지지할 수도 있었겠다는 생각이 든다.

조선 초기부터 왕위계승에 있어 종법의 원칙은 무시되었다. 잘 알다시피 태종은 세자였던 양녕대군을 폐하고 자질이 뛰어난 셋째 아들 충녕대군을 세자로 봉했다. 세조는 일찍 죽은 의경세자의 두 아들이 있었음에도 나이 어린 장손 대신 작은아들 예종을 세자로 봉하여 왕위를 물려줬다. 예종이 15개월 만에 병사하자 세종의 정비였던 정희왕후는 예종의 아들 제안군을 제쳐놓고 제안군의 사촌인 자을 산군(성종), 즉 의경세자의 둘째 아들을 13살의 나이에 왕위에 오르게 하였다. 이 과정에서 세조의 장손이라고 할 수 있는 성종의 형 월산군은 배제되었다. 당시의 정치역학이 누가 왕위에 오를 것인가를 정하는 데 있어 중요한 역할을 했겠지만, 주목할 것은 적장자 계승의 원칙은 왕실에서조차 지켜지지 않았다는 것이다.

수양대군의 왕위계승에 승복하지 않은 사육신은 세조와 의경세자를 살해하고 단종을 복위시키는 거사를 계획하지만 실패하고 만다. 사실 단종을 죽게 만든 것은 이들의 무모했던 복위 음모가 아니었을까? 사육신은 거의 200년 이상이 지난 숙종 대에 복권이 되었다. 200년이 지나는 동안 유림은 향촌사회에서 향권을 장악하였고 이에 따라 유교적 종법제에 근거한 한국의 '전통가족'이 확립되었다. 이 과정에서 먼 과거의 문화는 잊혀갔고 형의 왕위를 계승한 수양대군은 큰집의 종손의 지위를 뺏은 불의의 탐욕스러운 삼촌으로 격하되었다. 동시에 사육신은 조선이 망한 후에도 그리고 지금까지도 의로운 지식인의 사표로 추앙받고 있다.

대통령과 가족

"국민 여러분, 저는 청와대에 들어온 이후 혹여 불미스러운 일이 생기지는 않을까 염려하여 가족 간의 교류마저 끊고 외롭게 지내왔습니다. (…) 이미 마음으로는 모든 인연을 끊었지만, 앞으로 사사로운 인연을 완전히 끊고 살겠습니다."

가족을 공적인 영역에 종속시켰던 양반사회의 정치와 친족 간 관계는 2016년 늦가을 박근혜 대통령의 '국정농단'을 규탄했던 대규모 촛불시위에 잘 나타난다. 당시 내가 충격을 받았던 대목은 대통령에 관한 그 어떤 추문이나 의혹보다도, 위에 인용한 대통령의 2차 대국민 사과문이었다. 언론에 대한 불신이 깊었기에, 박근혜와 최서원을 둘러싸고 매일같이 쏟아지던 폭로성 기사들에도 나는 감정적 대응을 자제했다. 사실인지 확인한 후에 판단해도 늦지 않을 일이었다.

그러나 미혼의 여성 대통령이 취임 이후 형제들과도 일체 만나지 않고, 이번에는 거기서 더 나아가 '사사로운' 인연을 완전히 끊겠다고 위와 같이 선언했을 때 나는 정신이 멍해졌다. 어떻게 그나마 남은 가족인 형제들과 사적 인연을 완전히 끊고 살겠다는 것인가? 그것이 가능하고, 또 바람직한 일인가? '사사로운' 모든 인연을 끊겠다는 것은 나에게는 정신적인 단식을 하겠다는 것이나 마찬가지로 들렸다. 그리고 그것은 가장 기본적인 인권을 스스로 포기하겠다는 선언이었다.

인간은 누구나 '사사로운' 인간관계 속으로 태어나고 성장하며 살아간다. '사사로운 관계'의 가장 원초적인 집단이라고 할 수 있는 게 가족이다. 산업사회에 들어와 대가족은 사라지고 핵가족만 남았지만, 대부분의 사람들에게 가족은 여전히 삶의 원동력이고 안식처이며 행복의 원천이다. 우리가 애국하기 위하여 사업을 하거나 취직하지 않는다. 나라를 위해 연애하지 않으며 친구를 사귀지 않는다. 나라를 위해 자식을 낳고 키우지 않는다. 살기 힘들 땐 자식의 얼굴이 떠올라서, 남편과 아내, 부모, 또는 형제들이 생각나서 버틴다.

근대 민주주의 국가는 이렇게 사사로운 관계를 맺으며 행복과 욕망을 추구하는 어느 정도 '이기적인' 개인을 위하여 존재한다. "너의 꿈을 펼쳐라!" 미국에서 학교 졸업식 때 초청받은 연사가 청소년들에게 축사할 때 흔히 하는 말이다. "나라 이름을 빛내라", "사회에 필요한 인재가 되어라", 이런 말 하지 않는다. 다른 사람의 기대에 부응하여 사는 것이 아니라 무엇을 하든지 자기가 하고 싶고 이루고 싶은 일을 하면서 자신의 행복을 위해 살 것을 젊은 세대에게 권유한다. 그리고 이렇게 소소한 행복을 위해 사는 것이 바로 사유이고 인권이다. 단지 제한이 있다면 누구든 세금을 내야 한다는 것이고 남에게 피해를 주어서는 안 된다는 것이며, 이를 위해 법을 지키고 맡은 바 직분을 다해야 한다.

박 대통령의 2차 사과문 발표 후에 미국에서는 대통령으로 당선된 도널드 트럼프가 수락 연설을 하였다. 그는 연설하기 전 자신의 가족들을 아직 나이 어린 아들부터 출가한 자식들과 그들의 배우자들 그리고 이미 죽은 형제까지 이름을 부르며 한 명, 한 명 국민들에게 당당히 소개하였다. 자신이 얼마나 가족을 소중히 하고 있는지를 국민들에게 각인시켰고, 이로써 대통령 수락 연설은 미국 사회의 가장 핵심적인 가치인 '가족'을 재확인하는 자리였다. 버락 오바마 전 대통령도 자신이 얼마나 가족을 중시하는가를 국민들에게 보여주고자 노력했다. 그는 아마도 미국 역대 대통령 중에서 가장 가정적이었을 것이다. 오바마 대통령은 취임 이후 바쁜 일정에도 불구하고 매주 닷새는 오후 6시 30분부터 8시 30분까지 2시간 동안 가족과 함께 저녁식사를 했으며 이 시간은 절대로 방해받아서는 안 되는 '신성한' 시간이었다고 한다. 미국 시민 어느 누구도 대통령이 나랏일 팽개쳐 두고 한가하게 가족과 놀고 있다고 비난하지 않았다. 아무리 대통령이라 하더라도 그에게는 그만의 사생활이 있으며, 아직 어린 자식의 아버지로서 그리고 아내의 남편으로서 수행해야 할 역할과 책임이 있다는 것을 알기 때문이었다. 그리고 그것을 위해 시간을 내는 것은 누구나 누려야 할 기본적 인권이라고 생각했기 때문이었다.

물론 한국 사회도 전통적으로 가족(집)을 중시해왔다. 그러나 앞에서 설명했듯이 한국의 '집'은 부부간 그리고 부모와 자식 간의 감성적인 유대를 강조하는 사적 영역으로서의 가족이 아니었다. 대를 이어 존속하는 집은 '가정home'이라기보다 '가문'이었다. 양반사회의 가문은 역사에 이름을 남긴 뛰어난 조상들에게 제사를 지내는 것을 가장 중요시하는 친족집단이었다. 바깥일을 하는 남자는 중앙의 정치권에 진출하여 출세하는 '입신양명'에 전념하는 것이 집안을 일으켜 세우는 일이었다. 그리고 아내의 '내조'는 남편이 집안일에 신경 쓰지 않고 입신양명할 수 있도록 도와주는 일이었다. 즉, 가족과 친족조차 공적 영역의 일부라고 할 수 있었다. 유교의 종법 이론에는 가문을 빛내는 것과 중앙의 관직자로서 승승장구하는 것이 동일했다.

특히 양반 계층에서 부부간, 혹은 부모와 자식 간에 친근함과 애정을 표시하는 것은 거의 터부시되었고 제도적으로 억압받았다. 물론 유교는 '화목한 가정'을 강조하였다. 그러나 화목한 가족이 현대 사회의 핵가족처럼 애정을 겉으로 표현하는 것을 뜻하지 않는다. 삼세대가 함께 사는 대가족에서 부모 보는 앞에서 젊은 아들 부부가 애정표현을 하면 부모는 소외감을 느끼게 된다. 또는 어린 자식을 부모 앞에서 얼러주는 것도 불효라고 간주했다. 따라서 조선 후기 유교의 남녀유별과 장유유서의 원칙에 따라 집에서도 가족들은 서로 떨어져 살았다. 아버지는 바깥채(사랑)에서, 아이들과 어머니는 안채에서 거의 생활하였다. 아이들은 아버지로부터 되도록 멀리 앉아 아무 말 없이 밥을 먹었고 다 먹자마자 재빨리 밖으로 나가 놀았다. 한 집안의 가장인 아버지와 같은 공간에 있는 것 자체가 불편한 일이었다. 그래서 아버지는 가족으로부터 감정적으로 소외되는 경향이 있었다.

유교에서의 이상적인 공직자와 아내의 모습은 『서경』에 나오는 하나라 우왕의 이야기에 잘 나타나 있다. 하나라 우왕은 혼인 후 4일만 동거하고 이후 8년간을 황하강의 치수에만 열중하여 한 번도 집에 들르지 않았는데, 그의 아내 후비는 혼자서 아들을 잘 키우고 가르쳐서 우왕의 뒤를 잇게 했다는 것이다.[30] 우왕의 가족은 부부간의 그리고 부모와 자식 간의 감정적 유대관계를 중요시하는 사적 영역이 아니었음을 잘 보여주는 이야기다.

하나라 우왕의 이야기는 사실 우리에게 익숙하다. 공직 수행을 위해 기꺼이 가족을 멀리하는 유교적 공직 윤리는 가족과의 사생활보다 일을 중요시하는 현대 한국 사회의 '일' 이데올로기에 그대로 살아 있기 때문이다. 가정생활보다 전력을 다해 회사 일을 하는 것을 중시하는 산업화 시대의 일 이데올로기는 남자가 사회에서 '일'을 하는 것이 가족을 사회에 대표하는 가장으로서의 역할을 하는 것임을 강조했다. '수출전사'로서 일을 열심히 하여 일터에서 성공하는 것은 곧 가장으로서의 임무를 수행하는 것이었다. 국가 주도로 산업화가 진행되면서 공직자가 아닌 기업인들도 사적인 이윤추구가 아니라, 나라에 기여하기 위해 사업을 하는 것이라고 천명해왔다. 심지어 먹고살기 위해 일하는 것에도 공동체적이고 애국적인 의미가 부여되었다. 일터로서의 회사는 가족보다 중요한 공동체로 인식되었고 퇴근 시간에 퇴근하는 근로자는 자기 일만 끝났다고 하여 집에 가버리는 이기적인 사람으로 낙인찍혔다. 수시로 야근하며 필요하면 주말에도 일할 것이 요구되었고 이러한 근로자들은 국가 간의 '무역전쟁'에서 나라를 지키는 '수출전사'가 되었다.

박근혜는 한 국가의 대통령이었다. '입신양명'의 최고봉에 도달했었다. 여성이었지만 대통령으로서 하나라의 우왕처럼 공직에만 매진할 것이 기대되었다. 대국민 담화에서도 박근혜는 거듭 말했다. 오로지 나라만을 생각하며 살았다고. 그리고 많은 국민들도 박근혜는 남편도 없고 자식도 없으니 나라를 위하는 일에만 전념할 것이라고 생각해서 대통령으로 뽑았다. 역대 대통령들의 고질적인 친인척 비리는 없으리라고 기대했다. 그러나 자신의 가족과도 접촉을 끊은 박근혜는 당연히 '외로움'이라는 지극히 인간적인 문제에 부딪혔고 이 외로움을 최측근에서 잡다한 개인 심부름을 담당했던 최순실에게 정서적으로 의지하며 해결했을 거라고 생각된다. 당시 야당은 대통령이 최순실에게 전적으로 의지하게 되면서 다른 관료들과 그리고 다른 정치세력들과 '소통'하지 않는 '불통'의 대통령이 되었으며 최순실이 실질적으로 대통령 노릇을 했다고 공격했다.

최순실 비리가 전 국민의 공분을 산 것은 유교적 공직윤리를 통째로 뒤흔들었기 때문이다. 대다수 국민들의 의식 속에 박근혜를 수발했던 최순실은 왕이 사랑에 빠진 미천한 출신의 요망한 무수리였다. 박근혜는 사사로운 욕정에 빠져 관료들과 의논도 하지 않고 제멋대로 정치를 한 어리석은 왕이었다. 즉 사적 관계 때문에 공적 임무 수행을 소홀히 하여 나라를 위기에 빠뜨리는 나약한 군주나 마찬가지였다. 왕이 성인군자로 올바른 정치를 펴기를 그렇게도 바랐던 백성들은 왕의 애첩의 비리와 그 일가의 세도에 분노하여 이글거리는 횃불을 들고 구중궁궐로 쳐들어가고자 했다.

5년 후 제20대 대통령 선거를 앞두고 대통령 후보의 가족과 '사사로운' 관계는 다시 선거의 핵심 쟁점이 되었다. 특히 야당 후보인 윤석열의 아내 김건희에 대한 온갖 소문과 이른바 '줄리' 논란은 박근혜/최순실 관계와 비슷한 서사구조를 가졌다. 여당 쪽에서 퍼뜨린 여러 소문과 이야기는 김건희를 조선시대의 미천한 기생과 비슷한 이미지의 여성으로 만들고자 하였다. 김건희가 윤 후보와 결혼하기 전에 남자관계가 복잡했으며 유흥업소에서 '줄리'라는 이름의 접대부로 일했던 전력이 있었다는 것이다. 또한 이 이야기는 야당 대통령 후보 윤석열을 여자와의 사사로운 정에 빠져 공무를 소홀히 할 어리석은 왕이 될 사람으로 만들어버린다. 즉 여당의 흑색 선거운동은 김건희에게 대통령 후보를 내조하는 공적인 역할을 할 수 없는 타락한 여자로서의 이미지를 덮어씌웠다. 이러한 선전 선동에 대한 대응으로 윤 후보의 일부 지지자들은 SNS에서 윤 후보가 대통령이 되더라도 부인과는 떨어져 있어야 한다는 의견을 제시했다. 그들은 또한 윤 후보가 자식이 없어서 오히려 대통령직에 더 충실할 수 있다고 보았다. 수년 간을 자신의 가족도 만나지 않고 치수에 전념했다고 하는 전설적인 하나라의 우왕이나 자신의 형제자매와 모든 사사로운 관계를 끊겠다고 맹세한 박근혜처럼 그들은 윤석열에게 가족과의 사적인 유대관계를 포기할 것을 권하였다.

현대 한국 사회의 대통령 선거에서 후보들의 가족에 대한 폭발적인 관심은 조선 후기 양반 계층에서의 정치와 친족과의 관계에 뿌리를 두고 있다. 그러나 이제 사사로운 관계의 영역을 공적인 영역에 종속시키는 양반사회의 유교적 공직윤리에서 벗어나야 민주주의가 발전하고 정치로부터 독립된 자본주의 경제체제를 확립시킬 수 있다고 생각한다. 겉으로 보기에, 자신의 사생활조차 희생하며 공무에 매진하겠다는 태도는 감동적일 수 있다. 그러나 '멸사봉공'은 현실적으로 실천하기 힘들 뿐만 아니라 다른 사람들에게도 똑같이 사생활을 희생할 것을 요구하게 된다. 개인 시간이 없이 밤샘 조사하는 검사들이 피의자들의 인권을 존중할까? 자신의 사생활을 포기하는 대통령이나 기업인이 과연 근로자가 가족과 함께 보내는 사적인 시간을 소중하게 생각할까?

3장

여론정치와 시민단체

'위원회'와 시민단체

문재인 정부는 과거 어느 정부보다도 여론을 숭상한다. 한 언론 보도에 따르면, 청와대는 지난 4년여 동안 대통령 국정 수행 지지도, 정당 지지도, 정책 관련 의식 등에 관하여 수백여 건에 달하는 여론조사를 실시했고, 56억 원 이상을 비용으로 지출했다. 이는 박근혜 정부와 비교했을 때 거의 10배 이상 되는 금액이다.[1] 전문가들의 평가에 따라 합리적으로 결정되어야 할 사안에 대해서도 '국민공론위원회'를 만들어 '국민의 뜻'에 따랐다는 모양새를 갖추고자 한다. 대통령 선거 공약으로 내세웠던 신고리 원전 5·6호기 건설 중단에 대해 '공론화위원회'를 만들어 '시민대표단'에게 정책을 '권고하도록' 맡겼다. 비슷하게 대입제도 개편에 대해서도 공론화위원회가 수시와 정시 비율을 정하도록 했다. 2021년도에는 기후위기를 해결하기 위한 정책을 추진하는 데 있어 시민의 의견을 반영한다는 취지 아래

'탄소중립위원회'와 '탄소중립시민회의'를 만들었다. 정부는 '공론화위원회'와 '시민회의'를 만들어 시민을 정책결정에 직접 참여시키는 것을 '숙의 민주주의'라고 부르며 칭송했다.

나아가 공론화위원회를 포함하여 정부와 지자체에 속한 온갖 종류의 '위원회' 혹은 '이사회'에 '시민사회'를 대표한다는 이유로 시민단체 운동가들이 빠지지 않고 포함된 걸 보게 된다. 문 정부 들어와 정부기관과 지자체를 비롯해 관변 단체들, 공공기관, 언론단체, 재벌기업, 공기업 등에 공론위원회, 평가위원회, 추천위원회, 감시위원회, 윤리위원회, 인권위원회 등 각종 위원회가 만들어지고 위원회 활동에 시민운동가들이 대거 참여하고 있다. 예컨대 삼성그룹의 최고 경영진이 '준법경영'을 하는지 감시하고 통제하기 위하여 만들어진 '삼성준법감시위원회'에도 시민단체 활동가는 위원으로 포함되어 있다. 지방자치단체인 광주시의 '더 좋은 일자리 위원회'는 지방정부와 시의회, 노동단체, 사용자 단체, 시민사회단체, 대학 등을 대표하는 15명의 위원으로 구성되어 있다.

과거에도 위원회들은 물론 있었지만 주로 관련 분야의 학자나 전문가들이 참여했다. 그러나 현 정부는 "참여연대정부"라는 말이 나올 정도로 한국의 대표 시민단체인 참여연대에서 활동했던 시민단체 운동가들을 많이 중용하였다. 조국 전 법무부 장관, 김상조·장하성 전 청와대 정책실장 등이 참여연대 출신이다. 문재인 정부가 출범하고 1년 뒤인 2018년, 청와대와 내각에 기용된 참여연대 출신 고

위 공무원이 62명에 달했다.[2] 참여연대 출신이었던 고 박원순 전 서울시장 재임 기간에는 서울시 5급 이상 개방형 직위와 별정직 보좌진 및 산하 기관 임원 666명 가운데 시민단체와 여당 출신 인사가 168명(25.23%)에 달했다.[3]

문 정부는 시민단체 운동가들을 '사회적 가치'를 위해 일하는 사람으로 규정하고 있다. 즉 시민운동가들은 자신의 이익을 위해서가 아니라 사회를 위해 일한다는 것이다. 그렇기 때문에 일반인들보다 도덕적으로 우월하다는 뜻이 내포되어 있다. 문 정부 초기에 인사혁신처는 "시민단체에서 사회적 가치 실현을 위해 애쓴 경력"을 공무원 호봉 계산에 포함하려다가 여론의 반대로 취소했던 일도 있다. 얼마 전에는 공공의료를 위해 '공공의대'를 설립하고 시민운동가들이 추천하는 학생들을 입학시키겠다고 하여 큰 물의를 일으켰다. 의사가 되기 위해서는 전문가로서의 실력보다 '인성'이 중요하고 이 '인성'을 심사하는 데 '사회적 가치'를 위해 일하는 시민운동가들이 적격이라는 전제가 공공의대 추천제에 깔려 있었다.

얼핏 보면 '시민사회'의 여론을 중시하는 것은 민주적으로 보인다. 그러나 엄밀히 말해 어느 한 시민단체나 활동가의 의견이 시민사회의 여론을 대표한다고는 할 수 없다. 원래 시민단체는 일반 시민들이 다양한 목적을 위해 자발적으로 만든 비영리 단체들로, 정부조직으로부터 독립적으로 존재하는 결사체를 일컫는다. 자유민주주의 국가에 집회결사의 자유가 있다는 것은 바로 이를 말한다. 누구나 뜻이 맞는 사람들과 함께 특정한 목적을 갖고 조직을 만들 수 있다. 종교단체를 만들 수 있고 봉사단체를 만들 수 있고 환경문제를 연구하는 단체를 만들 수 있다. 이 다양성pluralism이 바로 민주사회의 특징이다. 북한 주민들의 열악한 인권 상황에 침묵하는 통일 관련 시민단체가 있는가 하면, 북한 인권문제를 국내외에 알리고 통일정책에 반영할 것을 촉구하는 시민단체가 있다. 두 단체 중 어느 단체가 시민사회를 대표하는가? 정권과 비슷한 정치성향을 가진 시민단체 운동가들만 '시민사회'를 대표한다는 명분으로 정책결정에 참여시킬 때 시민사회의 여론은 왜곡되어 전달될 수밖에 없다.

더구나 많은 시민단체가 시민들의 자발적 후원이 부족하여 정부와 지자체의 지원을 요구하고 실제로 적지 않은 지원을 받고 있다. 서울시의 경우 고 박 전 서울시장이 최근 5년간 공모사업을 통해 시민단체를 지원한 금액이 약 7,000억 원이며 이는 그전보다 3.6배 늘어난 금액이다. 또한 지원받은 시민단체의 숫자도 2016년 1,433곳에서 지난해 3,339곳으로 급격히 늘었다.[4] 시민단체의 조직 운영에 있어서도 재벌기업 못지않게 상의하달top-down식으로 의사가 결정된다는 것도 익히 잘 알려져 있다. 그래서 기존의 시민단체들이 진정한 의미의 NGO로서 정부로부터 독립된 시민의 목소리를 대변할 수 있는지에 대한 의문도 많이 제기되고 있다. 시민단체가 정부의 재정지원에 상당히 의존하고 상의하달 방식으로 일사불란하게 운영될 때 정부와 시민사회 간의 구분은 모호해진다. 시민단체는 시민들이 자발적으로 만든 단체가 아니라 정부가 주도적으로 키워주는 관변단체와 다를 바 없게 된다.

그렇다면 시민사회는 어떻게 대표될 수 있는가? 민주주의는 대표성의 문제를 선거, 특히 비밀투표를 통해서 해결한다. 다양한 가치관을 가진 시민 한 사람 한 사람이 여론에 휘둘리지 않고 소신껏 투표하여 자신을 대리해서 일정 기간 중앙정부와 지방자치단체를 이끌어갈 사람들을 선출한다. 구의원과 구청장, 시의원과 시장, 국회의원과 대통령을 국민이 직접 투표하여 뽑는다. 그렇기 때문에 중앙정부와 지방자치단체 기관은 이미 시민사회를 대리하는 법적 권위를 부여받았다. 즉 정책을 결정하는 정부 기관장은 특정한 개인이나 단체가 아닌 시민 전체를 위해 정책을 수행하고 자신의 결정에 책임을 지게 되어 있다.

국가적으로 중대한 사안이어서 국민적 합의가 꼭 필요한 경우에는 국민투표를 한다. 여론조사를 하거나 촛불시위를 하여 국민을 대표할 사람을 뽑지는 않는다. 혹은 '시민대표단'이나 '시민회의' 같은 표본집단을 만들어 그들의 의견을 '국민의 뜻' 혹은 '국민의 명령'이라고 부르지 않는다. 그리고 '국민의 뜻'에 따랐다는 이유로 정책결정의 책임을 '시민대표단' 혹은 '시민회의'에 떠넘기지 않는다.

시민들이 선거를 통해 혹은 정치 조직에 가입하여 정치에 참여하는 것 이외에, 뜻을 같이하는 사람들끼리 별도로 자율적인 단체를 결성하고 공동의 활동을 하는 것은 그 자체로서 가치 있는 활동이며 민주주의의 꽃이라고 할 수 있다. 다양한 사상과 활동이 공존하는 시민사회는 시민들의 삶을 풍요롭게 한다. 그 다양성을 '국민의 뜻'을 대표한다는 명분으로 획일화하는 것이야말로 사상의 자유, 결사의 자유에 어긋나는 반민주적인 일이라고 할 수 있다. 정부가 선거를 통해 선출되지 않은 특정한 정치 성향의 시민단체 활동가만 '사회적 가치'를 위해 일하는 사람으로 대우하고 그들에게만 시민사회를 대표하는 권리를 부여하는 것은 그들을 특권층으로 만드는 것이며 민주주의가 가진 평등의 원칙에 어긋나는 것으로 보인다.

조선의 '위원회 통치'

사실 정부의 여론정치는 조선 후기 양반사회의 공론정치로부터 물려받은 문화적 유산이라고 할 수 있다. 시민단체가 정부 정책에 대거 참여하는 것은 조선 후기 양반사회에서 중앙정부의 관료조직 밖에 있는 지방유림이 거의 준관직자로서 중앙의 정치에 참여했던 실태와 유사하다.

자신의 이익보다 공동체의 이익을 우선시하고 자신의 생각을 다수의 의견에 맞추는 것은 성리학의 핵심가치였다. 이는 국왕에게도 해당되었다. 공론은 군왕이 복종해야 하는 '천명'이고 '민심'이었으며 대신들과 간관을 통해서 왕에게 전달되었다. 군왕은 나라를 다스림에 있어 반드시 신하들과 의논해야 하며 신하들은 군왕과 시비를 다툴 수 있어야 했다. 유교적 도덕정치에서 국왕의 자의적인 권력행사는 민주공화국처럼 삼권분립에 의해 견제되었던 것이 아니라 유학자 관원들, 그중에서도 국왕의 잘못을 간할 수 있는 삼사, 즉 사헌부, 사간원 그리고 홍문관의 젊은 관료들의 감시를 통해 제어당했다. 국왕뿐만 아니라 만조백관이 직급이 낮은 삼사의 관원들에게 감찰당하고 탄핵당할 수 있었다. '청직'이라 하여 특별한 도덕성을 요구받는 삼사의 직책에는 주로 갓 문과에 급제한 실력 있고 집안 좋은 젊은 관원들이 배치되었다.

그러나 도학정치를 실현하겠다는 훌륭한 의도로 제도화된 삼사의 간쟁 활동은 조선의 왕권을 상당히 약화시켰으며, 조선 중기부터 붕당의 형성과 이로 인한 행정의 비효율성과 난맥이라는 문제점들을 초래했다고 보인다. 우선 간쟁제도를 통해 국왕의 일거수일투족이 공사 구분 없이 도덕적 평가의 대상이 되었다. 성종 때 어느 대간은 국왕이 시를 짓고 활을 쏘는 일을 반대하였다.[5] 특히 강력한 지도력을 가졌던 태종, 세종, 세조 이후에 어린 나이로 등극한 성종 대에 이르면 정책을 결정하는 데 삼사의 역할이 확대되었고 간쟁 활동은 강화되었다. 성종은 세종이나 세조보다 훨씬 유교적이었고 심성이 온건하여, 삼사의 간쟁이 때로는 지나치게 왕권을 제약하였어도 많이 용인하였다. 그러나 연산군과 중종 대에 대간의 과격한 간쟁은 종국적으로 사화를 불러일으켰다.

신진사류의 급진적인 간쟁 활동은 당시 조정의 대신들에게는 충격적이고 당혹스러웠던 것으로 보인다. 대신들이 지적했던 신진사류의 문제점은 현대 한국 사회의 '민주화 세력' 혹은 '운동권'의 모습과 많이 흡사하다. 정의심에 불타는 젊은 대간의 도덕주의적 간언은 필연적으로 가치중립적인 언어에서 벗어나 인신공격의 행태를 띠게 된다. 간관들은 자주 대신들의 인격과 인간성을 비판의 대상으로 삼았다. 그들은 자신들의 입장만 옳고 바르며 여기에 동조하지 않는 대신은 악인으로 비난하고 배척하였다. 요즈음 '친일파' 조상을 따지듯이 그 당시에도 '남의 조상 파헤쳐 고발하는 것이 곧은 행동인 양' 생각했으며 온갖 욕설을 퍼부었다고, '훈구파'들은 상소문을 올리며 신진사류들을 비판하였다.

삼사의 공격적인 간쟁은 결국 군주제의 핵심인 국왕의 통치권 행사와 대신들의 직무상 권한·권위에 도전하는 월권행위로 치달았다. 예컨대 홍문관은 원래 국사를 논할 권한이 없는 기구인데 왕을 가까이서 모신다는 이유로 간쟁하는 상소를 올렸다. 대간의 의견을 국왕이 받아들이지 않을 때 대간과 홍문관의 관원들은 '사소한 일'에도 합세하여 국왕에 맞서 논쟁하였다. 조선 전기에 사실 유교의 새로운 학파였던 주자학이 강조하는 의례의 절차는 대신들에게 '사소한' 일이었다. 그러나 신진사류에게는 그렇지 않았다. 고려 때부터 내려오던 왕실의 불교의식 가운데 한 절차를 빼느냐 마느냐를 갖고 성균관 유생들까지 즉각 나서서 반대 의견을 가진 대신들을 거칠게 공격하였으며, 국왕의 명령에 반대하는 여론을 조성하고 집단으로 왕명 철회를 요구하였다. 연산군 1년에 노사신은 성종의 장례식에 포함된 불교의식인 수륙재를 실행하자는 왕명에 반대하는 대간의 간쟁 행

위를 두고, 국왕의 통치권에 도전하는 것에 대해 경계하는 계를 다음과 같이 올렸다.[6]

"근래에 와서 대간은 사소한 일을 가지고도 기어코 이기려고 하며 심지어는 주상에 대해서도 맞서 논쟁을 벌이고 있습니다. 이렇게 하기를 며칠이고 몇 달이고 계속하여 기어코 승리를 거두고서야 비로소 멈춥니다. 그래서 그 폐단이 점점 커져 국왕의 위세가 떨치지 못하는 지경에까지 이르고 있습니다."(연산군 1년 7월 9일)

때로는 아침에 내린 국왕의 결정이 오후에 번복되기도 하였다. 성종의 국상 중에 기생과 동거했다는 어느 대신의 죄를 묻는 문제에 있어, 실상은 그 대신이 국상 전에 이미 그 기생과 함께 살며 자식까지 낳아 키우는 상황이어서 연산군은 죄를 묻지 않았다. 이에 대해 대간이 극렬하게 반대하여 하루에 4차례나 대간과 국왕 사이에 문서가 왔다 갔다 하는 실랑이가 벌어졌다.[7] 연산군은 간쟁제도가 자칫 행정을 마비시킬 수 있음을 파악하고 아래와 같이 교서를 내렸다.[8]

"조정의 명령에는 마땅히 일관성이 있어야 하며 함부로 변경되어서는 안 된다. 그런데 요즘 보면 사람마다 각기 자기의 의견만을 고집하고 (…) 함부로 많은 건의를 무책임하게 제시하며 조정의 정책이 일단 확정된 후에도 그렇게 하기를 멈추지 않는다. 이렇게 되면 조정에 기강이 없고 정령이 여러 갈래에서 나오는 꼴이 되지 않겠는가. 더욱이 하급 관서들까지 서로 자기 의견만을 내세워 이기는 데에만 힘쓰고 한쪽이 옳다고 하면 한쪽은 그르다고 하며 각기 자기의 의견을 상소하여 아침에 내린 명령이 저녁때 다시 번복되는 현상을 빚고 있다."(연산군 5년 1월 25일)

조선 전기에 있었던 사화에 대한 국내 역사학계의 지배적 해석은 '부패한' 공신집단인 훈구파가 그들을 공격한 신진사류를 향한 복수심에서 일으킨 사건으로 본다. 성정이 포악한 연산군이 자신의 학정에 대해 '바른 소리' 하는 대간이 싫어서, 그리고 친모인 폐비 윤씨의 원수를 갚기 위하여 간신들과 함께 잔인하게 신진관료들을 숙청한 것으로 대부분의 역사 교과서는 말한다. 또한 반정 세력에 의해 옹립된 중종은 지나치게 개혁적인 조광조에게 싫증이 났던 차에 훈구파 '간신'들이 부추겨서 조광조 일파를 숙청한 것으로 역사 이야기는 전개된다. 그러나 이러한 해석은 훈구파와 사림파의 갈등을 선과 악의 대결로 인식했던 조선시대 사림의 도덕주의적 역사관에서 한 치도 벗어나지 못하고 있다.

반면에 조선 전기 사화를 연구한 미국의 한국학자 에드워드 와그너는 사화가 기존의 왕권과 삼사의 간쟁권이 격렬하게 충돌하여 야기된 사건이라고 보았다. 나는 와그너의 해석이 더 설득력 있다고 생각한다. 와그너의 주장에 따르면 사림파에 못지않게 '훈구파',

그리고 연산군과 중종도 순수한 의도에서 간쟁제도의 심각한 문제점에 대해 고민하고 왕권을 수호하기 위해 결정했다는 것이다. 와 그녀[9]는 사림이 추구한 왕도정치(도학정치)는 최종적인 결정권이 군주 한 사람에게 부여된 군주제가 아니라 '위원회를 통해 운영되는 정부'의 형태였다고 지적했다. 그리고 그 위원회의 주도적인 세력은 삼사였다. 삼사의 젊은 간관들은 자신들과 의견을 달리하는 대신들을 '악'으로 규정하여 간신배, 아첨꾼이라고 욕설을 하고 배척하며 자신들만의 붕당을 형성하였다. 그들은 '요란스럽게 여론을 일으켜', '실수'를 '죄'로 성립시켰고 '확실하지 않은 애매한 일들까지도 들추어내어' 대신들에게 창피를 주었다. 그리고 무엇보다 주요 국정이 비공식적인 바깥 모임에서 논의되었다. 즉 한 나라의 정사가 투명하지 않은 과정을 통해 결정되고 있었다는 것이다. 이는 대한민국의 국가 정책이 국무회의에서 논의되고 이루어지는 것이 아니라, 정치적 '비선실세'가 주도하는 사적인 모임에서 결정되는 것이나 마찬가지다.

사실 왕조국가에서 붕당의 형성은 반역에 버금가는 행위라고 할 수 있다. 정부 관료의 집단적 행동은 왕권에 중대한 위협이 된다. 당시 대간이 신랄하게 공격했던 훈구파는 신진관료들의 지나친 간쟁을 방치하면 국가의 기강 자체가 무너질 수도 있다는 위기의식을 느꼈다고 보인다. 아래 이성언의 상소는 조광조 일파의 도학정치가 불러일으킨 문제들, 즉 왕정체제에서 관료조직의 질서를 와해하는 권위의 파괴와 당파성, 그리고 조정이 아니라 책임소재를 알 수 없는

'외의外議'에서 정책이 결정되는 상황 등을 지적하고 있다.[10]

"(…) 그들은 단번에 요순의 세상을 재현하려고 서둔 나머지 자기
네와 뜻을 같이하는 자는 선인이라 하고 달리하는 자는 악인이라고
합니다. 그리하여 국사를 논의할 때 혹 자기들과 의견이나 방식을
달리하는 사람이 나타나면 혹은 공론을 억누른다고 비난하고 혹은
심술이 악한 사람이라고 욕하며 당장 의혹의 눈으로 봅니다. 그리
하여 요란스럽게 여론을 일으켜 저들의 실수를 죄로 성립시킬 뿐만
아니라 심지어는 전혀 확실하지 않은 애매한 일까지도 들추어 그들
음 다시는 ㄱ개를 들고 다닐 수가 없게 만듭니다.
어떤 안건이 논의될 때 으레 비공식적인 외의에서 논의되고 또 그
일이 추진될 때도 반드시 그 비공식적인 외의에 따라서 추진되고
있습니다. 그래서 정권이 그 외의에 귀속케 되었습니다. 정권이 대
각臺閣[11]에 귀속되는 것만으로도 정사가 어지러워질 터인데 지금은
그것이 조정에 있는 것도 아니요, 재상에 있는 것도 아니요, 대각에
있는 것도 아니요, 모두 외의에 귀속되어 있으니 이 얼마나 통탄할
노릇입니까?"(중종 12년 10월 10일)

이성언이 위 상소문에서 제기하는 문제들은 요즘 표현으로 '패
거리 정치', '내로남불', '불투명한' 정책결정 과정 등과 하나도 다를
게 없다. 기묘사화 때 조광조 일파를 축출하며 중종은 그들의 죄목은

붕당을 만든 것에 있다고 전교에서 명백히 밝히고 있다.[12]

"조광조, 김정, 김식, 김구 등은 붕당을 이루어 자신들을 추종하는
자는 등용하고 의견이 다른 자들은 배척하며 서로 의지하고 결탁하
여 정부의 요긴한 자리를 점거하고 이를 발판 삼아 후진들을 자기
편으로 끌어들이고 있다. 그들은 과격한 욕으로 남을 비난하는 것
이 습관화되어 국론과 정사를 날로 그르치고 있는데 조정의 대신
들은 저들의 세력이 두려워 감히 입을 열지 못하고 있다."(중종 14년
11월 15일)

중종은 위 전교를 내리고 며칠 후에 대간이 정부의 정책결정에
간여하는 것은 대간 본연의 임무가 아니라고 일침을 놓았다. 그리고
자신이 다른 대신들의 꾐에 넘어가 조광조 일파를 내쫓은 것이 아니
라, 스스로 '국가의 대계'를 위해 내린 결정임을 분명히 했다.

"국정의 권한은 마땅히 조정에 있어야 하며 그 조정에서는 대신이
정치를 해야 한다. 대간은 그 정치과정에서 잘못이나 부족을 지적
하는 것이 그 임무이다. 옛말에 이르기를 정권이 대각에 있으면 나
라가 어지러워진다고 했다. (…) 이번 조치는 나 자신이 국가의 대
계를 위해서 대신들과 협의하여 취한 것이다. 결코 어느 한 사람의
소행이 아니다."(중종 14년 11월 18일)

연산군 대와 중종 대의 사화는 도학의 덕치주의를 실현하고자 했던 급진적 신진사류의 성장세를 꺾는 데에 일단 성공했다. 그러나 사림의 공론정치 혹은 '위원회 정치' 자체는 꺾이지 않았다. 오히려 후세의 역사에서 사화에서 희생된 유학자들은 거룩하고 성스러운 순절의 모범사례로 숭앙되었고 사관들은 '훈구파'를 '간신'으로 기록하였다. 간쟁제도의 도덕적 정당성에는 누구도 도전할 수 없게 되었다.

와그너에 따르면 사화 이후에 간쟁제도는 권력 획득의 도구로 타락하고 만다.[13] 실무적인 국사를 논하는 의정부 대신들과 국왕도 삼사의 간쟁제도를 적극적으로 또 정치적으로 이용하게 되었기 때문이다. 붕당을 초래했던 신진사류의 여론정치가 이제 중앙관료 모두를 위한 게임의 룰이 되었다. 조선 중기 이후 중앙의 정치가 바야흐로 네 편과 내 편으로 갈라지는 당파싸움이 된 것은 놀랍지 않다. 젊은 간관들의 붕당정치를 경고했던 '훈구파' 대신들이 이미 예측했던 일이다.

지방유림의 공론정치

16세기 전반에 거듭되는 사화를 겪으며 많은 재경 유학자들은 중앙 정치에 직접 참여하는 것을 포기했다. 그 대신 지방에 내려가 서원을 설립하고 향약을 실시하며 백성을 교화하는 활동에 집중했다. 향리와 같은 지방의 토호세력을 물리치고 유림이 향촌사회를 지배하게 된 것은 17세기에 들어와서다. 조선 전기에는 아전이나 서리 혹은 이족이라 불리는 향리집단이 경제적 부를 바탕으로 지역사회의 실세가 될 수 있었다. 건국 공신이었던 정도전도 향리집안 출신이었고 이황의 조상들도 고려 말까지 향리 계층이었다. 조선 후기에는 사족의 명부라고 할 수 있는 향안에 집안 좋은 선비들만이 들어갈 수 있었는데, 1530년 안동 지방의 향안을 살피면 향리와 서얼의 자손들도 포함되어 있었다.

유림의 향권 장악

유학자들은 서원과 향교를 출입하며 여러 가지 이슈에 대하여 지역 사회의 여론을 주도할 수 있었다. 서원은 성리학의 발전에 기여한 성현들의 제사를 지내고 유학을 가르치는 사립 고등교육기관이라고 할 수 있다. 그러나 엄격히 말해 순수한 사립 교육기관은 아니었다. 서원은 보통 지방의 유지와 유림으로부터 토지와 노비를 기증받아 설립되었는데, 많은 경우 지방관의 협조와 물질적 지원이 있었다. 서원과 함께 향약도 17세기 말까지 대부분의 향촌에 도입되었다. 향약은 농민들이 일상생활에서 유교적 예와 덕행을 실천하고 상부상조하는 것을 목적으로 한 향촌 규약이었다. 구체적 내용을 보면 부모에게 불효한 행위, 형제간에 다투는 행위 등 효제의 도덕률을 어기는 자를 자체적으로 처벌할 수 있도록 명시하였다.

서원과 향교 그리고 문중은 서로 통문을 돌림으로써 특정 사안에 대하여 다른 지역의 유학자들과 연대해서 지지 혹은 반대 세력을 동원하였고, 촌락의 범위를 넘어서는 상부상조의 사회관계망을 형성하였다. 통문은 서원, 향교, 문중 등의 단체에서 관련 인원에게 공동으로 관계된 일을 알리는 문서다.[14] 예를 들면 안동의 의성 김씨 출신으로 뛰어난 유학자였던 표은 김시온을 제향하기 위한 사당을 세울 때 경주 옥산 서원에서 유생 85명이 연명하여 사당 건립의 중요성을 강조하는 통문을 돌려 발의했고, 안동 지역의 많은 서원과 사당들이 이를 지지하는 통문을 보냈다.[15] 유림의 지지를 확인한 후에 의성 김씨 문중은 문중의 지파들과 부유한 여러 집안의 재정적 후원을 받아 사당 건립 공사를 시작하였다.

문중이 보관해온 통문의 내용을 보면, 조선 후기 양반가문의 조상이 얼마나 훌륭한지 보여주는 여러 가지 지표들이 조상 자신의 노력만으로 이룬 성취가 아니라 지역사회 전체가 개입되는 공동체의 일이었음을 알 수 있다. 국왕으로부터 시호를 받은 조상에게 부여되는 불천지위는 사후 4대 봉사가 끝나는 무렵, 지역 유림이 만장일치로 찬성하여 국왕에게 청원할 때 얻어지는 명예였다. 불천위뿐만 아니라 사후에 국왕으로부터 관직을 하사받는 '증직', 돌아가신 인물의 윗대 조상들에게 관직이 주어지는 '추증', 서원과 향교에서 배향되는 특권, 조상을 제향하는 사당(사우)과 서원의 건립, 문집의 발간 등 조상의 뛰어남을 보여주는 모든 행적과 명예가 지방유림의 지지와 천거가 있어야 공인될 수 있었다.

위에 언급한 표는 김시온이 왕으로부터 표창을 받는 일도 지역의 향교와 서원에서 통문을 보내어 지지하였고, 서원에 그를 배향하는 사당을 짓는 공사에는 의성 김씨 문중의 노비뿐만 아니라 인근 백성들까지 동원되었다. 공사가 시작되면서 단계마다 유림은 고유제[16]와 같은 유교적 의례를 지냈고 관련된 서원들은 준비모임과 도회, 향회 등을 수없이 소집하여 공사가 순조롭게 진행되도록 하였다.[17] 문집 발간도 조상이 글을 남겼다는 사실만으로 이루어지지 않았다. 서적 출판이 상업화되지 않았던 시대에 문중 내외의 학자들이 유고를 모으고 정리하는 작업을 해야 했고, 목판을 새기는 작업 또한 많은 경비가 드는 힘든 일이었다. 따라서 문집을 간행할 때는 지역의 유림에 축하와 지원을 기대하는 통문을 돌려 소식을 널리 알림으로써 공인받고자 했다. 이러한 공론의 과정을 통해 훌륭한 조상을 기리는 여러 가지 문중 활동은 유림의 공인을 받았고 후손들의 도덕적 우월성을 확고히 다졌다. 이는 '아무개 자손'이라는 양반 지위의 높고 낮음이 유림이 주도했던 지역사회의 여론 혹은 공론에 달려 있었음을 뜻한다.

준관직자로서의 지방유림

주류 국사학자들은 재야유림이 지방사회의 이익을 대변하고 지방관의 일방적 권력추구를 견제함으로써 지방자치의 발전을 가져왔다고 주장한다. 나는 반대로 유림의 향권 장악은 중앙정부에 의한 지방의 식민지화를 심화시켰다고 생각한다. 유림은 무엇보다 백성의 교화를 최고의 통치 목표로 삼았던 조선 정부의 준관직자였으며 국정의 동반자였다. 중세 유럽의 가톨릭 교단이나 사립학교 혹은 고려시대의 불교사찰과 달리, 서원은 중앙의 정치조직으로부터 독립되어 자율적으로 운영되는 별도의 조직이나 단체가 아니었다.

재지사족은 관직자가 아니었지만 종종 국가의 일에 참여하였다. 앞에서 언급했듯이 국왕이 나라에 공헌한 사람에게 시호와 표창을 수여할 때 지방관이 마땅한 인물을 추천하는 것이 아니라 지방유림이 공론을 거쳐 만장일치로 찬성한 인물을 천거하였다. 증직과 공신록을 하사하는 것도 지방유림의 추천에 따르도록 하였다.[18] 또한 지방에 은거하며 유림의 추앙을 받는 명망 높은 유학자는 '산림'이라 칭하고 별도의 관직을 만들어 국정에 참여시키고자 하였다. 중앙정치의 현안에 대해서도 지방의 선비들은 통문을 돌려 의견을 수렴하고 상소문을 작성하여 국왕에게 올릴 수 있었다.

정부 역시 유림의 일에 개입하였다. 지방유림이 서원을 건립할 때도 정부는 적극적으로 지원하였다. 국왕은 일부 서원에 현판과 서적, 노비 등을 하사했는데 이런 서원을 사액서원이라 하였다. 지방관은 서원에 귀속된 토지에 대해 면세의 혜택을 부여했으며 서원의 유생과 원속, 그리고 노비들은 군역을 면제받았다. 이외에도 관찰사와 지방수령은 서적, 어물, 식염 등의 현물을 공급해주었다. 실로 서원이 관에서 운영하는 학교인지, 민간인이 운영하는 학교인지 구분하기 어려웠다. 최초의 서원이었던 백운동 서원은 풍기에 감사로 부임했던 주세붕이 주도하여 유림과 유지들의 지원을 얻어 설립하였다. 백운동 서원의 경제적 기반과 서원 운영에 관한 제반 정책을 마련했던 사람은 당시 경상도 관찰사였던 안현이다. 풍기 군수로 부임했던 퇴계 이황은 조정에 백운동 서원의 사액과 지원을 요청했다.[19] 유림이 주도하는 서원과 서우의 건립 공사에 일반 백성이 노동자로 동원되었던 것도 서원에 대한 정부의 지원이라고 할 수 있다. 당시 유교적 통치 이념에서는 유림과 지방관 모두 교화를 중시하는 국정 수행의 동반자로 인식되었음을 알 수 있다.

서원을 지원하는 동시에 정부는 긴립과 운영에 간여하였다. 18세기에 들어와 서원이 우후죽순 생기고 그 폐단이 드러나면서 중앙정부는 서원의 남설과 운영에 대해 규제하기 시작했다. 서원에 제향되는 성현의 숫자를 제한하였고 정부의 허가 없이 건립하는 것을 금지시켰다. 조선 말기에 이르면 대원군은 전제적 권력을 행사하여 다수의 서원을 철폐하고 그 재산과 노비를 몰수하였다.

대원군의 서원 철폐 이전까지, 중앙에서 삼사가 왕권을 제약했듯이 지방유림의 정치적 영향력이 국왕을 대리하는 지방관의 권력 행사를 견제하였다. 송시열을 제향했던 화양동 서원의 위세가 드높았을 때 유림의 정치적 영향력은 지방관보다 컸다. 우선 지방관이 자주 교체되어 임기가 짧았고 자신의 출신지에 부임하지 못해 관할 지역에 대해 잘 모를 수 있었다. 지역 사정에 어두운 지방관을 대신하여 유림이 향리를 감독하거나 직접 지휘하여 지방행정에 깊이 간여하기도 하였다.[20] 또한 유림이 중앙 권력자의 보호 아래 지방관과 대립할 수 있었다. 이는 중앙에서의 당쟁이 향촌사회에서 지방관과 유림 간의 갈등으로 재현되었음을 뜻한다. 즉 지방관과 유림의 갈등은 '관권'과 '향권' 사이의 충돌이 아니라 중앙집권적 체제 내에 있는 '통치요원'들 간의 당파적 갈등이었다고 볼 수 있다.

준관직자로서 재지사족 대부분의 관심은 중앙정치에 매몰되어 있었다. 조상의 신원을 회복하고 서원에 배향하는 일은 지방의 서원이나 유림사회가 자율적으로 결정할 수 있는 문제가 아니었다. 일례로 안동의 의성 김씨 문중이 현조인 지촌 김방걸을 1860년 서원에 제향하고자 했을 때, 그로부터 200여 년 전 중앙에서 일어났던 노론과 남인의 치열했던 당쟁을 기억하고 그 후 중앙의 정치구도가 어떻게 변화했는가를 파악해야 했다.[21] 그런데 여전히 노론은 중앙의 집권 세력이었다. 김방걸이 출중했지만 결국 그의 서원 제향은 노론과의 직접적인 대결을 피하고자 했던 안동 유림이 미온적 태도를 보여 성사되지 못했다. 이런 일은 지방의 한 서원에서 성현을 제향하는 문제가 중앙의 정치 상황과 어떻게 얽혀 있는지 잘 보여준다. 지방유림은 중앙정치권의 일부였다.

지방 리더십의 부재

반면에 지역사회의 민생문제들을 해결하기 위한 어떤 리더십도 중앙정치에 종속된 유림으로부터 기대하기 어려웠다. 18세기에 들어오면 향촌사회에는 유림의 근거지라고 할 수 있는 서원과 향약의 운영과 관련하여 많은 문제들이 누적되어 갔다. 군역을 피하고자 유생들이 서원으로 몰렸고 국가와 지방재정은 급증한 서원 토지의 면세 혜택으로 인하여 더욱 궁핍해졌으며 군역에 동원될 양정이 심각하게 부족해졌다. 지방재정이 악화되며 서원에 대한 관의 지원도 부족해졌고 이는 일반 백성의 재정적인 부담을 증가시켰다. 그러나 지역사회의 유림이 이러한 문제들을 자체적으로 해결하는 데 실패했음을 대원군의 서원 철폐를 통해 짐작할 수 있다.

나는 서원과 향약이 야기한 향촌사회의 재정적 문제들이, 유림의 여론정치 자체가 문제해결을 위한 리더십의 발현을 배제했기 때문이라고 본다. 그레고리 헨더슨Gregory Henderson은 1968년에 출간된 그의 명저『소용돌이의 한국정치』에서 일찍이 한국의 정치문화에 내재하는 리더십의 문제를 잘 설명하였다.[22] 그도 와그너처럼 "위원회 통치council rule"라는 용어를 사용하는데, 내가 말하는 "여론정치"와 비슷하다. 헨더슨의 분석에 따르면 한국의 전통적인 '위원회 통치'에서는 되도록 많은 사람들을 권위에 참여시키는 것을, 권위를 법적으로 명확하게 규정하는 일보다 중요하게 여긴다. 그런데 권위가 분명하지 않으면 서로 반대되는 의견이 팽팽히 맞설 때 의사 결정은 지연되고 행정은 마비된다. 아무도 과감하게 책임지려 하지 않기 때문이다. 헨더슨의 분석은 앞에서 논의한 훈구파와 사림 간의 갈등을 이해하는 데 많은 도움이 된다. 왕정에서 최종적인 결정권은 국왕이 갖고 있었지만 사림은 종종 이를 무시하였다. 그들은 때때로 국왕에게 명령 철회를 요구하였고 자신들의 주장이 관철될 때까지 집단적으로 항의하였다. 서로 다른 의견이 맞설 때 누가 결정권을 갖고 있는지, 혹은 어떻게 결정해야 하는지 분명히 규정하여 쓸데없는 분쟁을 방지하고 현실적 문제를 해결하는 데에는 관심이 없었다.

결과적으로 양반사회에서 중앙과의 연결고리 없이 독자적으로 세력을 키운 정치 지도자가 출현한다는 것은 거의 불가능했다. 지역 유림이 서원 제향에 천거하는 인물 대부분이 중앙의 정계에서 높은 관직에 오르거나 학문과 덕망으로 이름을 날렸던 유학자들이지, 지역사회에서 일반 백성들의 삶을 개선하기 위해 힘쓴 사람들은 아니었다. 안동의 의성 김씨 문중에 보관하고 있는 통문 중에 서원과 향약의 실질적인 운영과 관련된 문제를 다루는 것은 거의 없었다. 마찬가지로 지역사회에서 내세우는 '자랑스러운 선현' 중에 지방민들이 겪는 생활의 어려움을 해결한 지도자는 거의 없다. 하나의 예로 서산문화원에서 발간한 『전통어린 내고장』에 수록된 서산의 인물들을 보자. 이 책자에 수록된 "고장을 빛낸 선현" 40명 중에 백성들의 물질적 삶을 개선시킨 인물은 안흥 첨사를 지냈던 가행건과 가중영 부자父子 단 두 사람이 있었다. 안흥 첨사 부자는 엄동설한에도 전복, 해삼 등을 임금님께 올리기 위해 조공하는 폐습을 아뢰어 철폐하게 하였다.

"(중앙정부의) 사자使者들도 인간인지라 잠부가 엄동설한에 빙해를 깨고 조수를 헤치고 들어가는 가엾은 모습을 목견하고 어떻게 인간의 일이라 느끼었겠는가? 과연 사람으로서는 도저히 시킬 수 없는 일이라 복명했을 것은 분명한 일이다. (…) (폐습을 철폐한다는) 희소식을 접한 도민과 수수들은 이마의 주름을 펴고 손뼉을 치며 거리에 나와 춤을 추게 되었다."[23]

향촌사회에서 서원과 향약으로 인한 여러 가지 문제를 해결하는 리더십이 실종되고 유림을 견제할 만한 세력도 없는 상황에서 많은 지방 선비들이 '탐관오리' 못지않게 일반 백성들을 착취했던 것으로 보인다. 다산 정약용은 『목민심서』 7권 교민지조에서 향약을 실시했던 인물들이 향권을 남용하여 백성들을 갈취하고 농락하고 서로 다투고 모략하게 하며 풍속을 해치는 일이 많아 그 폐해가 도둑보다 심했다고 통렬하게 비판하고 있다.[24]

조상 만들기와 초종족적 연망사회

1) 바깥출입

앞에서 살펴봤듯이 유림의 공론정치는 지방자치의 발전이 아니라 오히려 고도의 중앙집권화를 가져왔다. 조선시대의 '중앙'은 단지 행정의 중심지로서의 의미가 아니었다. 중앙은 모든 도덕적 권위와 권력의 원천이었다. 서울에서 멀리 떨어진 궁벽한 촌에 사는 재지양반의 권위는 그의 조상이 한때 중앙의 정치무대에서 높은 관직에 올랐으며 도덕군자로서 역사에 이름을 남겼다는 데 있었다. 다시 말하면 지방선비의 신분적 지위는 지역사회의 지도자로서 그가 무엇을 성취했느냐에 있었던 것이 아니라, 그들의 조상이 중앙에서 어떤 인물이었는가에 대한 유림의 공론에 따라 정해졌다. 향촌사회의 선비들은 조상에 대한 유림의 평가를 통해 중앙의 정치에 참여하였고, 그 명예를 다른 후손들과 공유하고자 하였다.

그러나 양반 신분의 높고 낮음이 객관적인 법에 따라 규정되는 것이 아니라 조상의 행적과 삶에 대한 유림의 공론에 달려 있을 때, 여론 공동체에서 좋은 평판을 얻기 위해 개인은 정치활동에 몰두하게 된다. 조선 전기에 중앙의 정부 대신들이 사림의 정치가 종국적으로 공적인 기구가 아니라 '바깥 회의'에서 이루어짐을 지적하고 심각한 문제라고 비판했는데, 그들의 예상대로 조선 후기 향촌사회에서 비공식적인 '바깥 회의'의 기능은 지방정치의 공적인 기구를 능가하였다. 공식적으로 왕을 대리하는 지방관은 잠시 머물다 갈 뿐이며 실제 권력은 양반들이 쥐고 있었다. 재지양반은 자신들의 이익과 권력을 위해 '바깥 회의'에서 인맥 쌓기에 집중하였다. 집안의 격을 올려주는 조상의 서원 배향, 사당 건립, 증직, 추증, 공신록, 문집 발간, 신도비 건립 등이 다 지방유림의 공론을 통해 지지를 받아야 이루어졌기 때문이다. 이를 위해 통문을 돌리고 다른 서원의 유림과 연대하는 활동 자체가 사족 개인에게는 자신의 사회적 지위를 높이기 위한 정치적 과정이기도 하였다. 재지양반은 자신의 집안과 가문의 지위를 높이기 위해 다른 집안의 경조사에 참석하고 서원과 향교를 출입하는 것은 물론이고, 가능하면 중앙의 인맥을 포함하는 초종족적이고 탈지역적인 사회적 관계망을 형성하는 것이 절대적으로 필요했다.[25]

우선 선비들은 명문세족이나 적어도 비슷한 수준의 양반 집안과 통혼하기 위해서 활발한 바깥출입을 통해 다른 집안의 가계 내력에 대해 소상히 파악해야 했다. 따라서 조선 후기에 이르면 앞에서도 언급했듯이 지역사회에서 '누가 양반이고, 누가 더 양반인가'를 따지는 관습이 널리 퍼졌다. 어느 집안에서 문과 급제자가 몇 명이 나오고 어떤 품계의 관직자가 배출되었는지 또 대대로 어느 집안과 통혼했는지 등에 관한 해박한 지식을 뜻하는 보학이 발달하였으며, 이는 선비들이 필수적으로 익혀야 하는 교양이고 상식이었다.

나아가 유학자들은 자신의 조상을 유림사회에서 뛰어난 인물로 인정받게 하고자 부단히 노력하였다. 안동의 의성 김씨의 불천위 조상인 학봉 김성일이 왕으로부터 불천지위를 하사받기까지 그의 후손들은 86년 동안 꾸준히 유림의 지지를 받기 위한 준비 작업을 하였다. 먼저 서훈과 추증, 서원 배향, 문집 간행, 증직 등에 대해 유림의 지지를 확보하고자 하였는데 인근 지역은 물론 먼 지역의 서원과도 통문을 주고받으며 여론을 조성하였다. 또한 문중이 나서서 혼맥과 학맥을 동원하여 중앙의 정치권과 연계하여 활동하였다. 뛰어난 조상이 당파싸움으로 억울하게 죽은 경우에는 후손들이 그의 누명을 벗겨주는 신원운동을 오랜 기간에 걸쳐 전개하였다. 조상을 기리는 이러한 활동에 서원과 다른 문중의 지지와 참여가 많을수록 문중의 격이 올라갔다. 문중이 내세우는 '훌륭한 조상'은 본인의 학식과 덕망만으로 지역사회에서 인정받은 게 아니라 지역의 경계를 넘어선 연망을 통해 지지 세력을 동원했던 후손들에 의해 만들어졌다고 할 수 있다.

　조선 후기 서원이 남설되었던 것도 조상의 명예를 높이기 위해 후손들이 벌인 정치활동의 결과라고 할 수 있다. 조선의 서원은 중국의 서원을 모델로 하여 건립되기 시작했지만, 인구 대비 서원의 숫자는 중국의 어느 왕조 때보다도 많았다.[26] 선조 때는 100개가 넘는 서원이, 숙종 때는 140개의 서원이 설립되었다. 중국에 비해 서원이 많았던 이유 중 하나는 양반 문중들이 자신들의 조상을 제향할 서원을 갖고자 했기 때문이었다. 안동 지역에는 거의 모든 문중이 서원과 사우를 하나씩 갖고 있었다.[27] 서원에 조상이 배향되는 것은 후손들에게는 지극히 큰 영광이었고 양반으로서의 지위를 높이는 일이었다. 또한 유학자들은 자신들의 조상과 함께 공부했던 유학자나 조상의 스승 혹은 제자를 제향하기 위한 서원의 건립에도 적극적으로 나서며 학연으로 인한 동맹 관계를 다져나갔다. 당파가 다른 경우 특정 인물을 배향하는 서원의 설립은 치열한 정쟁을 불러일으키기도 했다. 노론의 정치인 청음 김상헌을 제향하기 위해 건립된 서간 서원은 안동의 의성 김씨 문중이 주동이 된 남인 세력에 의해 결국 허물어지고 말았다.

아무개 자손이라고 내세울 만큼 유명한 조상이 별로 없는 한미한 집안의 양반에게도 지역사회를 벗어나 중앙의 정치권까지 연줄이 닿는 '인맥 쌓기'는 계층상승에 중요했다. 과거 급제하고 중앙에서 말단 관직이라도 얻기 위해서는 서울에서 과거시험이 언제 있을지, 어느 관직에 누가 임명되었는지 등에 관한 정보가 요긴했다. 그리고 중앙의 정치가들과 교유하고 혼맥을 만드는 것 자체가 양반의 지체와 품위를 확인해주는 일이었다. 전경목이 연구한 전라도 부안현 우반동의 부안 김씨의 인물 김수종(1671~1736)의 사례는 '호강한' 지방양반이 어떻게 중앙의 정치가들과 인맥을 유지하였는지 잘 보여준다.[28] 김수종은 여러 번 과거시험을 보았으나 진사시에만 합격하고 문과 급제를 하지 못했다. 그는 음직이라도 얻고자 서울의 유명한 선비와 권력 있는 관리들과 교유하였고 그들에게 자식의 혼처를 부탁하였다. 그는 매년 명절 서울의 지인들에게 여러 가지 선물을 보냈으며 부안 쪽으로 유배 온 중앙의 양반들을 잘 돌봐주었다. 김수종은 자신의 소송과 관련하여 고을의 수령이나 감사에게 청탁할 일이 있을 때 서울의 지인에게 줄을 대어달라고 부탁하는 편지를 보내 고관의 관찰을 얻을 수 있었다. 그리고 지인에게 춘궁기 때마다 양식을 보내주었고 그 대신 붓, 부채, 먹, 달력 등의 선물과 함께 서울의 정세와 왕실의 근황에 대하여 상세한 소식을 전해 들었다.

양반이 유림사회로부터 고립되거나 배제되는 것은 집안이 일반 상민 신분으로 전락하는 것과 마찬가지였다. 살아 있는 후손들이 정치활동을 하지 않으면 아무리 훌륭한 조상도 세대가 지나면서 잊히고 유림에서 인정받기 힘들어진다. 그렇게 되면 후손들은 결혼도 좋은 집안과 하기 힘들어지고 그 결과 양반의 지위를 공고히 하지 못하며, 결국 집안은 기울게 된다.

2) "도덕쟁탈전": 갈등과 분쟁의 해결

활발한 바깥출입을 통해 형성된 지지 세력을 움직이는 정치적 기술은 유림사회에서 분쟁에 휘말릴 때 분쟁 당사자 자신에게 유리하게 여론을 형성하는 데 큰 도움이 되었다. 한국의 전통적인 농민사회에서 현지 조사를 했던 외국의 인류학자들이 일관되게 지적하는 것이 있다. 향촌사회에서 갈등과 분쟁이 일어날 때 사람들은 추상적인 규칙이나 원리원칙에 따르지 않고 지지 세력을 동원하고 과시함으로써 자신에게 유리하게 문제를 해결하고자 했다는 것이다.

분쟁 시에 지지 세력을 동원함으로써 자신의 이익을 추구하는 경향은 근대적 법제가 발달하지 않은 원시적 공동체 사회에서 흔히 볼 수 있는 갈등 해결 방법이다. 이런 사회에서는 분쟁이나 갈등이 생길 경우 상대방이 이기적인 동기를 가졌다고 비난함으로써 자신이 도덕적으로 우월하다는 것을 강조한다. 동시에 자신의 입장은 사적 이익을 추구하기 위한 것이 아니라 공동체를 위한 것임을 내세운다. 원시적 소규모 사회에서 많이 볼 수 있는 이러한 전략을 프랑스 인류학자 피에르 부르디외는 '공식화 전략'이라고 불렀다. 한국식

표현으로는 '대의명분'을 강조하는 전략이라고 할 수 있다.[29]

개인보다 공동체의 이익을 우선하는 유교적 도덕사회에서 양반이 사적 이익을 추구하는 것은 거의 금기시되었기 때문에 대의명분을 앞세우는 공식화 전략은 조선의 양반사회에서도 널리 사용되었다. 일본의 철학자 오구라 기조가 『한국은 하나의 철학이나』에서 표현한 것처럼 한국 사회에서 전통적으로 분쟁과 갈등은 누가 더 도덕적인가를 따지는 "도덕쟁탈전"으로 비화하게 된다.

이 도덕쟁탈전에서 개인적인 인간관계 그리고 공동체에서 쌓아온 평판과 내력은 분쟁 당사자들의 이익을 보호하는 데 아주 중요한 역할을 한다. 그리고 이러한 평판은 주로 비공식적인 '뒷담화', 혹은 수근거림을 통해 형성된다. 1970년대 초 한국의 한 촌락에서 현지 조사를 수행한 미국 인류학자 그리핀 딕스Griffin Dix는 마을 주민들이 뒷얘기를 통해 행동의 동기에 대해 추정하고, 이 행동의 동기는 공동체에서 살아온 '내력'과 함께 분쟁상황을 이해하는 데 얼마나 중요한지를 두고 아래와 같이 기술했다.[30]

"공동체 안에서 평판은 자신의 이익을 위해서 그리고 분쟁에서 어떤 대우를 받는가에 아주 중요하다. 분쟁은 종종 숨겨진, 비공식적인 수준에서 평판에 근거한 뒷얘기의 형태로 이루어진다. 행동의 동기가 무엇이었는지가 분쟁 상황의 판단에 지극히 중요해서 공동체 성원으로 살아온 지금까지의 내력이 연관이 있게 되며 그러한 연관성은 다시 행동에 영향을 준다."

    다시 말해 유림의 공론정치 아래에서는 작은 의견의 차이와 갈등에도 편 가르기가 만연하게 된다. 그 과정에 험담, 중상모략, 인신공격 등이 난무하여 공동체 내에 분열이 증폭되는 것을 볼 수 있다. 격렬한 도덕쟁탈전이 벌어지는 것이다. 안동 유림의 역사적 사건 '병호시비'에서 안동의 서애 유성룡의 자손들과 학봉 김성일의 자손들은 퇴계 이황을 모신 서원에 서애와 학봉의 위패를 어느 자리에 놓느냐를 두고 400년간을 통혼도 하지 않을 정도로 서로 적대적이었으며, 이로 인해 안동 유림 전체가 두 쪽으로 갈라졌고 아직도 그렇다. 위패를 놓는 자리다툼은 서애와 학봉 중 '누가 더 도덕적으로 훌륭하며 누가 더 역사에 큰 이름을 남겼는가', 결국 '누구 후손이 더 양반인가' 하는 지위의 싸움으로 격화되었다. 조상의 도덕성에 대한 평가를 놓고 그렇게 몇백 년 동안 갈등은 지속되었다.[31]

    요약하면, 조선 후기 양반사회의 공론정치에서는 개인의 비공식적 정치활동이 극대화되었다. 양반으로서의 지위가 법률로 규정되지 않았고 조상에 대한 유림의 평가에 달려 있었기 때문이다. 유학자들은 서원과 향교를 중심으로 바깥출입을 하며 학맥과 혼맥 등의 인맥을 쌓아 지지 세력을 확보함으로써 계층상승을 이루고자 하였다. 조상이 한때 중앙의 정치권에서 활약했음을 보여주는 여러 가지 증거, 즉 서원 배향, 불천지위, 사당 건립, 증직과 추증, 문집 발간 등이

유림 공동체에서 공인받도록 하지 않으면 그의 가문과 집안은 양반 사회에서 점점 신분 하락의 길을 가게 됐다.

따라서 분쟁이나 갈등 시에는 법이나 원리원칙에 따르지 않고 초종족적인 연망을 통해 지지 세력을 동원하여 세몰이를 하는 데 중점을 두었다. 그 과정에서 분쟁 당사자들은 대의명분을 앞세우며 자신의 이익을 추구하는 전략을 취했으며 서로 상대 행위의 이기적 동기를 비난하고 자신의 도덕적 우월성을 인정받고자 하였다. 그래서 분쟁이 생길 때 당사자들의 내력과 평판 등이 보편적으로 적용되는 법이나 규칙보다 더 중요한 역할을 했다.

무엇이 민주주의인가?

법을 멀리하고 편 가르기 정치로 타락했던 유림의 공론정치 혹은 위원회 정치는 지금 현대 한국 사회에서 비슷하게 재현되고 있다. 조선 후기 재야 선비들이 중앙의 정치적 이슈에 대해 통문을 돌려 지지하거나 혹은 반대했듯이, 정부의 조직 밖에 있는 시민사회의 각종 단체들이 지지 세력을 동원하여 구체적인 정치 사안에 직접적으로 참여하고 있다. 2019년 겨울 조국 일가의 수사와 관련하여, 불교·개신교·천주교 등 종교계 인사들이 검찰총장에게 물러나라고 시국선언을 했다. 이어 영호남, 충청권의 범시민단체들도 시국선언을 했고 사회 각 분야에 포진해 있는 시민단체들도 줄줄이 동참했다. '검찰 개혁'을 지지하는 종교계 인사 100인은 공직자를 해임할 때 적법한 절차를 따라야 한다는 법치주의의 원칙을 부정하고, 그 대신 검찰이 "거악의 한 축으로 살아온 과거"를 지적하며 자신들이 지지하는 현 대통령과 그 측근들의 도덕적 우월성을 강조했다. 사림과 유학자 관료들이 자신들의 주장만을 '천명'과 '민심'으로 포장했듯이, 시민단체 활동가들은 시민사회에 엄연히 존재하는 다양한 의견들을 무시하고 자신들의 생각만을 '시민의 명령'이라고 불렀다. 그리고 예상대로 검찰총장에 대한 징계처분은 급조된 징계위원회 위원들의 '만장일치'로 이루어졌다. 그리고 그것이 '국민의 뜻'이라고 주장했다.

민주화 운동가들뿐만 아니라 많은 한국인들이 정부의 의사 결정에 다수의 사람들이 참여하는 것이 민주주의라고 생각한다. 노무현 전 대통령은 '참여정부'를 구호로 내세웠다. 우리나라의 대표적 시민단체의 이름은 '참여연대'다. 모두가 참여하는 민주주의. 촛불시위는 그 정점에 있었다.

비슷한 논리로 국내 주류 역사학계는 유림의 공론정치를 '민주주의의 기원'이라고 평가한다.[32] 비록 양반 계층에 한정되었지만 고려시대에 비하여 많은 사람들이 정치 현안에 대해 심의하고 토론하였으며 결정된 것을 왕에게 상소할 수 있었다는 것이다. 간관은 군주의 잘못을 간할 수 있었고 시중의 여론, 즉 "민심" 혹은 "하늘의 뜻"을 전달할 수 있었다. 신라시대의 화백제도까지 거슬러 올라가 만장일치로 의결하던 고대의 제도에서 민주주의 원형을 찾고자 하기도 한다. 이러한 시각은 주로 조선이 당파 싸움 때문에 망했다고 보는 '식민사관'에 반발하여 조선의 당쟁을 현대 민주주의의 정당정치에 비견할 만한 '붕당정치'로 격상시키고 '민주주의의 맹아'를 조선시대 공론정치에서 찾는다.

그러나 전통적 여론정치는 서구의 법치주의에 기반을 둔 민주주의가 아니다. 박근혜 전 대통령이 촛불시위로 인하여 탄핵되는 과정을 지켜본 영국의 저널리스트 마이클 브린Michael Breen은 「포린폴리시 Foreign Policy」에 실린 그의 기고문에서 자신이 관찰한 한국의 민주주의가 서구적 의미의 민주주의와 어떻게 다른지 잘 설명한다.[33] 브린은 한국 사회에서 촛불 '민심'을 따르는 것과 민주주의가 동일시된다고 지적한다. 그의 주장에 따르면 대부분의 민주주의 사회에서 사람들은 법의 지배를 받지, '국민'의 직접적인 지배를 받지 않는다. 미국 헌법은 신성한 지위를 갖고 있지만 헌법 전문에 나오는 "우리 국민We the People"이 직접적으로 사람들을 통치하지는 않는다. 그러나 한국인들은 집단적 의지the collective will를 가진 '국민'이 실제로 존재한다고 믿는다는 것이다.

서구의 법치주의에 익숙한 브린이 받아들이기 힘든 한국식 민주주의의 특징은 바로 집단적인 존재로서의 '국민'이 법 위에 존재한다는 사실이다. 이를테면 미국 닉슨 전 대통령의 경우 탄핵되기까지 약 2년 동안 사실관계에 대한 엄정한 수사가 진행되었다. 반면에 박근혜 전 대통령은 촛불시위가 시작된 지 몇 주 후에 국회에서 탄핵소추안이 가결되었고 그로부터 석 달 만에 헌법재판소가 만장일치로 탄핵을 인용하였다. 다시 말하면 한국 사회에서는 일단 '국민들'이 분노하게 되면 공정한 법적 절차나 피의자의 혐의를 입증할 객관적인 증거, 피의자의 변호와 인권 따위는 중요하지 않게 된다. '국민'은 '야수'로 변하고 법을 실행하는 사람들은 야수에 복종한다. '국민정서법'이 법 위에 있는 한국은 국민the people을 신으로 모시는 사회라고 브린은 꼬집었다.

2017년 박근혜가 대통령의 자리에서 축출되고 '국정농단'이라는 죄목으로 투옥되어 긴 시간 재판받은 과정이 공정했느냐에 대해서는 많은 이견이 있을 수 있고, 아직도 뜨거운 논쟁거리다. 그러나 한국에 오래 거주한 외국인으로서 브린이 제기하는 문제점, 즉 한국 사회에서 법의 판결이 여론의 압력으로부터 자유롭지 못하다는 점은 한국식 '민주주의'가 서구의 민주주의와 다르게 움직이며 공정성에 문제가 있을 수 있다는 것을 잘 드러내준다. 브린이 조심스럽게 지적한 것처럼 '국민'을 신으로 모시는 한국식 민주주의가 과연 좋은 것인가, 혹은 나쁜 것인가는 결국 '국민'이라는 집단의 즉흥적인 판단이 얼마나 공정하고 신뢰할 수 있는가에 달려 있을 것이다.

서구의 시민사회에서 사실 '여론'은 정치행위를 하는 데 있어 참고해야 할 하나의 요소지, 절대적으로 따라야 하는 명령이나 지침은 아니다. 선거에서 시민은 자신의 생각대로 투표권을 행사한다. 여론에 따를 필요가 없다. 미국에서 공교육의 목표는 개인이 어느 특정 집단의 의견에 지배받지 않고 자기 나름대로 생각하는 능력을 가진 시민을 키우는 데 있다. 초등학교 때부터 자기 나름대로 합리적으로 생각하는 법, 즉 비판적 사고critical thinking를 하는 법을 배운다. 토론을 할 때 감정을 배제하고 자신의 의견을 논리적으로 표현하는 법, 상대의 의견에 대해 인신공격을 하지 않고 비판하는 법 등을 배운다. 자신의 생각을 표현하지 않은 리포트는 좋은 평가를 받지 못한다. 청소년이 또래 집단의 영향력에 굴복하지 않고 자기 나름대로의 가치관을 확립해나가는 것을 이상적이라고 본다. 미국 문화에서 또래 집단으로부터의 영향을 뜻하는 '또래의 압력peer pressure'이라는 말은 부정적인 의미로 자주 쓰인다. 공교육을 통해 독립적으로 생각하는 능력을 갖추게 된 이성적인 시민은 사실 미국 민주주의 체제의 초석이 된다. 만약 개인이 독자적으로 생각할 능력이 없다면 한 사람이 한 표의 투표권을 갖는 민주주의는 아무 의미가 없을 것이다.

물론 조선시대 간쟁처럼 어떤 견해에도 이의를 제기할 수 있는 제도는 민주주의에 필요하다. 그러나 충분조건은 아니다. 미국의 한국학자 그레고리 헨더슨은 다수의 참여를 민주주의라고 보는 것은 문화적 오해에 기인한다고 주장한다.[34] 헨더슨은 해방 후부터 50년대와 60년대 미국의 외교관으로서 한국에 주재하면서 격동의 한국 정치를 외부자의 관점에서 관찰한 한국학자다. 그는 당시 한국인들이 어떤 사안에 대해 결정할 수 있는 권위가 소수에게 집중되는 것을 독재적이라고 비난하는 것에 주목하고, 이는 서구의 민주주의에 대한 한국인들의 오해에서 비롯된다고 설명하였다. 삼권분립을 통해 전제적 정부의 출현을 방지하고자 하는 민주주의 제도가 제대로 작동하기 위해서는 '누가 결정하고 책임지는지' 분명하게 법으로 규정해야 한다. 법으로써 권한의 범위와 책임이 명시되지 않은 채 다수의 참여와 만장일치로 정해지는 전통은 의견의 차이가 있을 때, 특히 서로 다른 의견이 팽팽히 맞설 때 의사 결정을 무한정 지연시키며 해결해야 할 현실의 민생문제는 방치되고 만다. 결정을 내리는 자는 반대편으로부터 항시 공격받기 때문에 아무도 그 결정에 대하여 책임지고자 하지 않게 된다.

조선 전기에 사림의 급진적인 도덕정치에 대항했던 소위 '훈구파' 대신들은 이 문제를 정확히 예상하였다. 그들은 신진 사료들의 공격적인 간쟁이 대신들의 입을 막아버리고 국정운영이 마비되는 것을 한결같이 지적하였다. 종국적으로 조선시대 중후기에 중앙 정계와 향권을 장악한 사림의 내부 갈등은 통합되지 못하고 끊임없이 분열하였다. 헨더슨은 이 분열의 정치로 인하여 조선이 세계사적으로도 드물게 중앙집권적인 관료제와 '단일민족', '단일문화'를 발전시켰음에도 근대화에 실패했다고 주장했다. 나아가 을사조약과 한일병합에 효과적으로 대응하지 못했고, 항일 독립운동 또한 수많은 파벌로 갈라져 통일된 전선을 구축하지 못했다는 것이다.

한국인들이 민주주의를 다수의 참여라고 오해하고 있다는 헨더슨의 주장은 문화인류학자의 관점에서 볼 때 외국의 사상이나 제도를 받아들일 때 일어나는 문화현상을 정확히 가리키고 있다. 외국어를 차용하여 쓸 때 그 발음이 기존의 한국어 발음 구조에 맞게 바뀌어 외래어가 되듯이, 문화적 관념이나 개념도 기존의 문화적 의미체계에 맞게 변용된다. 이미 왕에게 직언하고 여론을 중시하는 사림의 공론정치의 전통은 민주화 운동을 통하여 더욱 강화된 측면이 있다고 볼 수 있다. 그러나 국민의 열렬한 지지를 받은 '민주주의'는 서구의 다양한 사상과 문화를 포용하는 민주주의라기보다는 '올바른' 가치관과 사상만을 허용하는 조선의 정치문화에 가까워지고 있다고 생각된다. 김영삼 정부 이래 민주화 세력이 정권을 잡은 후에도 국제사회와 세간의 기대와 달리 경제활동을 비롯하여 방송, 언론 등의 분야가 중앙정부의 간섭을 받는 것 그리고 정부의 '역사바로세우기'가 이런저런 '역사왜곡금지법'으로까지 발전한 것은 놀라운 일이 아니다.

반면에 법을 지키는 것이 정의라는 서구의 법치주의적 정의의 개념은 운동권 문화에 잘 받아들여지지 않았다. 덕치를 강조했던 성리학적 통치 이데올로기가 법에 의존하지 않고 백성을 지배하는 것에 더 큰 가치를 두었기 때문이다. 가톨릭정의구현사제단이 2020년 검찰개혁을 지지하기 위해 발표한 시국선언문에도 있듯이 '정의로운' 사회는 "권한도 책임도 골고루 나눠서 만사가 조화롭게 균형을 이루는 국가공동체"이지,[35] 소수의 리더가 법에 명시된 권한을 행사하고 그 결과에 대해 책임지는 사회는 아니다. 권한도 책임도 골고루 나누는 국가는 바로 조선시대 성리학자들이 지향했던 유교적 도덕 사회의 모습이다.

　돌이킬 수 없는 시민사회의 분열은 이미 시작된 것으로 보인다. 유림의 향권 장악이 모든 권력과 권위의 중앙집권화를 심화시켰듯이, 시민단체의 정치활동은 시민들로 하여금 더욱더 중앙의 정치활동에 몰입하게 만들 것이다. 다양한 정치성향을 인정하고 비정치적인 공동의 목표를 갖고 자발적으로 함께 어울려 집회와 결사체를 만들었던 시민들이 이제 물을 것이다. 나는 어느 쪽이며 너는 어느 쪽이냐? 함께 예배를 보고 미사를 보던 교우들, 예술가와 연예인들, 과학자들, 교사들, 기업인들, 노동자들, 기타 전문가들이 정치성향에 따라 두 쪽으로 갈라질 것이다. 이는 현대 산업사회의 기능적 분화의 경계선이 희미해지고 모든 분야에 정치가 우위에 서는 것을 의미한다. 중앙의 정치권력으로부터 독립적이고 자율적인 중간집단들은 다원적인 민주사회의 버팀목인데, 이제 그들이 정치에 종속되기 시작할 것이다. 민주주의에 역행하는 정치과잉의 사회에서 살아남기 위해 현대 한국인들은 양반사회의 선비들처럼 인맥 쌓기에 열중해야 할 것이다.

신양반사회의 상상력

영화 〈기생충〉

미국의 아카데미 시상식에서 작품상을 수상하며 세계적으로 알려진 영화 〈기생충〉은 현대 한국 사회의 부와 가난에 대한 문화적 인식과 그로 인한 불안정한 계층관계를 잘 보여준다. 봉준호 감독은 이 영화가 아카데미상을 휩쓸 것이라고는 예상하지 못했다고 한다. 그러나 문화인류학자의 눈에는 예술적인 완성도도 뛰어났지만, 할리우드 영화에서 볼 수 없는 이국적인 상상력이 미국인들을 사로잡았으리라는 생각이 든다. 나의 미국인 지인은 영화 내용이 너무나 충격적이고 무서웠다고 한다. 그에게 〈기생충〉은 끔찍한 호러 영화였다.

미국 사회에서 가족이 사는 집은 완전히 사적인 공간이다. 그 공간을 침범하는 자는 총을 쏴서 죽여도 정당방위로 인정받는다. 미국에서 총기 사고가 많이 일어나 일부 시민들이 민간인의 총기 소유를 금지하자는 운동을 벌여도 대중적으로 폭넓은 호응을 받지 못하는 이유는, 그만큼 미국 사회에서 '집home'은 목숨 걸고 지켜야 할 성스러운 사적 영역이기 때문이다. 자기 집에서는 누구나 가족 이외 그 누구의 구속도 받지 않고 마음껏 자유를 누릴 수 있다. 낯선 자가 자기 집에 허락 없이 들어오는 것은 이렇듯 소중한 자유를 상실하게 되는 것과 마찬가지다. 따라서 미국문화에서 성스러운 사적 공간에 침입하는 자는 곧 사악한 자로 여겨진다.

사적 공간인 집의 신성함을 표현하는 문화적 상상력은 1990년대에 흥행했던 오락영화 〈나 홀로 집에〉에 잘 나타나 있다. 크리스마스 휴가 때 온 가족과 친척들이 함께 떠난 여행에 못 따라가고 집에 혼자 남게 된 주인공 꼬마 케빈은 마침 휴가철 빈집을 털려는 두 명의 도둑들로부터 집을 지키기 위해 온갖 지략을 동원해내고, 끝내 그들을 퇴치한다. 그런데 사회에서 낙오된 가난한 도둑들에 대한 동정적인 시선은 영화에서 찾아볼 수 없었다. 한국인인 나는 영화를 보면서 오히려 아이에게 인정사정없이 공격당하는 도둑이 불쌍하게 느껴졌었다. 하지만 영화는 도둑들을 일말의 동정도 과분할 만큼 악당으로 그리고 있었다. 그리고 그 악당들을 혼내주는 부유한 집의 어린아이 케빈은 용감한 꼬마 영웅이었다.

봉준호의 〈기생충〉은 이런 할리우드 영화의 문화적 공식에 들어

맞지 않았다. 온 가족이 속임수를 써서 박 사장의 집에 들어와 일하기 시작하고 그 집에서 원래 일하던 가정부와 운전기사를 술수를 써서 내쫓는 등 여러 가지 나쁜 짓을 했음에도 그 가족들은 악당으로 그려지지 않았다. 무엇보다 그들은 돈만 없을 뿐이지 화목하게 사는 가족으로 나온다. 기택은 마누라와 아이들을 패거나 술에 절어 사는 알코올 중독자가 아니다. 지하 벙커에서 몰래 살고 있던 전 가정부의 남편조차 부인을 사랑하는 남자로 나온다. 다들 그럴 만한 사정이 있어서 남의 집에 숨어 살거나 속임수를 써 일할 뿐이다. 그들은 별 죄책감도 느끼지 못했다. 오히려 기택은 집주인인 박 사장이 자신의 사적 영역을 지키고자 '선을 건너려고' 하는 고용인을 경계하는 것에 대해 모욕감을 느꼈다.

전근대 사회에서 공적인 영역과 사적인 영역의 구분은 엄격하지 않았다. 유럽에서 귀족들의 집은 다른 귀족들과의 친교 생활이 이루어지고 때로는 나랏일이 논의되기도 했던, 어느 정도 공적인 영역이었다. 남자의 공간과 여자의 공간이 구분되었고 신분이 다른 주인 가족과 하인들이 같은 공간에서 함께 어울려 살았다. 어린아이들은 흔히 하녀와 같은 방에서 잤다. 동시에 하인과 하녀들이 일상생활에서 주인을 깍듯이 섬기는 호칭과 예절이 발달하였다.

근대화 이전의 한국 사회도 비슷했다. 양반의 한옥은 여자들이 생활하는 안채와 남자들이 머무는 바깥채(사랑)가 있었고 잘사는 집의 사랑에는 항상 식객이 머물렀다. 그리고 '바깥일'을 하는 양반네들은 사랑에 모여 나라가 어떻게 돌아가는지 이야기하였다. 아이들은 젖어멈의 아이들과 안채에서 함께 놀았고 침모, 식모와 같이 생활하였다. 상하 관계, 주종 관계에 있는 이들은 충성과 자애로 연대를 이루었다. 주인과 머슴이, 아씨와 몸종이 다 한 식구였다. 귀한 사람과 천한 사람, 부자와 가난한 이들이 함께 어울려 서로에 대해 속속들이 알았으며 남들의 시선으로부터 자유로운 개인의 사적 공간은 거의 존재하지 않았다.

서구 사회가 근대화되면서 집은 사적인 공간이 되고 아이들은 자신들의 방에서 따로 자게 된다. 아이들은 하녀들에게서 나쁜 영향을 받지 않도록 격리되고 엄격한 규율 속에서 '순진무구하게' 키워진다. 하인들도 할 일만 한 후에는 자기 집으로 돌아가 주인의 지배를 받지 않고 자유를 누린다. 평등해진 고용인은 더는 머리를 조아리지도 않고, 충성하지 않아도 된다. 주인 역시 고용인들을 친절하게 대하지만 더는 사적인 비밀을 공유하지 않고 그들과 연대하지도 않으며 그들에게 노출되지 않는 사생활을 갖게 된다. 즉 자본주의 사회에 들어오며 부자와 가난한 자들은 공간적으로 격리되기 시작한다.

〈기생충〉은 현대 한국 사회에 부글거리는 애매하고 불안한 계층 관계를 명료하게 보여준다. 한국 사회에서 고용주와 고용인은 더는 수직적인 신분 관계가 아니다. 우리 사회에서 부자의 갑질은 전 국민의 분노를 자아낸다. 더구나 상공업자들을 경멸하고 부의 축적을 부정적으로 바라보는 유교적 전통은 앞에서도 설명했듯이 동아시아에서도 한국에서 가장 강력했다. 기택의 가족은 자신들의 가난이 사회 구조 때문이며 이 사회를 뒤엎어야 한다는 계급의식에 충만해 있지 않고, 부자들이 착취해서 가난하다고 생각하지도 않는다. 그러나 기택은 이야기한다. 박 사장네는 부자인데도 착한 사람들이라고. 이 놀라움은 그가 부자들에 대해 그전에는 부정적인 이미지를 갖고 있었음을 보여준다. 박 사장 부부가 착하다는 기택의 평에 부인은 '부자라서 착하다'고 뼈있는 말로 응수한다. 첨단 IT 기술로 돈을 버는 기업의 CEO인 박 사장은 새로이 등장하는 한국의 자본가 계층을 대표한다고 할 수 있다. 그는 자기가 고용한 사람에게 적은 월급을 주고 장시간 노동을 착취하는 산업화 1세대의 기업인이 아니다. 그의 아내 또한 거만한 사람이 아니며 아이들도 자기만 아는 이기적인 부잣집 아이라는 스테레오 타입에 맞지 않는다.

　다른 한편으로는 개인주의 문화가 확립된 미국 사회처럼 공적인 영역과 사적인 영역이 한국 사회에 엄격하게 분리되어 있지도 않다. 영화에서 기택은 자꾸 박 사장에게 물어본다. "그래도 사모님을 사랑하시죠?" 아마도 기택은 박 사장이 자기에게 친절하니까 좀 더 인간적인 관계, 즉 가장 사적인 남녀 관계까지도 속속들이 털어놓는 가깝고 친한 관계로 발전하기 원했던 것으로 보인다. 그렇다면 그는 공적 영역에서의 매너인 '친절함'과 사적 영역에 속한 감정인 '좋아함'을 구분하지 못한 것이다. 기택은 공과 사를 분간하지 못하고 고용주의 부부관계까지 알고 싶어 했다. 박 사장에게 부인을 사랑하지 않냐고 물어보는 것이 선을 넘는 일이라고 생각하지 못했다.

반면에 박 사장은 고용인이 '선을 넘는 것'에 대해 극도로 경계한다. 그는 고용인에게 친절할지언정 공사 구분 없이 허물없는 관계를 맺고 싶어 하지 않는다. 기택의 딸 기정의 속임수에 넘어가 윤 기사를 해고할 때도 그리고 와이프를 통해 오랜 시간 일해온 가정부인 문광을 내보낼 때도 박 사장은 진짜 이유는 말하지 않고 변호할 기회도 주지 않는다. 가정부 문광을 내보낸 후 박 사장은 기택에게 그녀가 살림을 잘했고 음식도 잘했다고 아쉬워하면서도 '일할 사람은 쌔고 쌨다'고 말한다. 비록 고용인이지만 오랫동안 근무하여 정들었던 사람과 헤어져야 하는 슬픔을 박 사장은 느끼지 못한다. 박 사장에게 문광은 얼마든지 대체 가능한 유능한 일꾼이었다. 그는 단지 문광이 해주던 갈비찜의 맛을 그리워할 뿐이었다. 다시 말하면 박 사장은 매너 있게 자신의 고용인을 대하지만 동시에 자신보다 가난한 그들과 거리를 두고자 했다.

그러나 박 사장이 거듭 '냄새'에 대해 이야기하고 '선을 넘지 못하게' 하는 것, 즉 거리를 두는 것에 대해 기택은 겉으로 표현하지 않아도 모욕감을 느낀다. 그 모욕감은 점점 커지다가 박 사장 아들의 생일파티에서 폭발한다. 마침 전날 밤 비가 억수같이 쏟아져 기택의 가족은 반지하 집이 침수되어 수재민 대피소에서 새우잠을 잤다. 그런데 박 사장과 그의 부인은 기택을 아들의 생일파티에 초대하지 않고 파티 준비하는 일을 도와달라고 부탁한다. 그리고 주말 수당을 두

둑이 주겠다고 약속한다. 박 사장과 함께 그의 아들 다송의 생일파티 의상을 입고 깜짝쇼를 연출하는 준비를 하다가 기택은 또다시 "어쩌겠습니까? 사랑하시는데" 하고 선을 넘는 말을 한다. 박 사장은 사생활을 자꾸 언급하는 기택에게 '업무의 연장'으로 생각하라고 딱 잘라 말한다. 그는 기택과 비즈니스적 관계만을 원했다. 기택은 자신이 박 사장에게 단지 고용인일 뿐이라는 것을 깨닫는다. 문광의 남편이 칼부림 끝에 기택의 아내에게 공격당하고 죽어갈 때 박 사장은 그의 몸에서 지하 벙커의 냄새가 코를 찌르자 얼굴을 찡그리고 자리를 피하려 한다. 그 순간 기택은 분노를 참지 못하고 달려들어 문광의 남편이 갖고 있던 부엌칼로 박 사장의 가슴을 찌른다.

〈기생충〉은 자본주의 한국 사회에서 벌어지는 빈부 격차의 현실 그리고 그 안에서 일어나는 부자와 빈자 간의, 또한 가난한 자들 간의 갈등과 연대를 선명하게 포착하고 있다. 비록 반지하 집에서 살아도 기택네는 박 사장네와 어울려 사는 것을 꿈꾼다. 기우는 잠시나마 자기가 가정교사로 가르치는 박 사장의 딸과 결혼하는 것을 꿈꾸고, 기택은 박 사장과 여자 관계에 대해서도 이야기할 수 있기를 바란다. 그러나 그들이 박 사장네와 어울리기 위해 아무리 문서를 위조해도 지하철 냄새 그리고 반지하의 냄새, 즉 몸 전체에 깊숙이 배어 있는 하류계층의 냄새를 없앨 수는 없었다. 박 사장은 기택의 말대로 '착하지만' 냄새나는 사람들과 함께 자신의 사적인 영역을 공유하는 것을 거부한다. 고용인과의 '가족 같은' 관계가 아니라 일과 친교가 구분된 계약적 관계를 갖고자 하는 것이다. 이 계약관계에서 기택이 박 사장네 집안일을 도와주는 것은 정을 주고받았던 전통적 품앗이가 아니다. 그것은 단지 돈 받고 하는 '업무의 연장'이라고 박 사장은 못 박는다. 의미 있는 인간관계를 거부당하는 기택의 분노는 폭발한다.

결국 부자는 돈이 있어 착하다는 기택의 아내 충숙의 말이 맞는 말이 되었다. 충숙의 말은 곧 가난한 자는 돈이 없어 나쁜 짓을 하게 된다는 뜻이다. 영화에서 기택의 가족과 문광과 근세 부부는 서로를 협박하고 공격한다. 박 사장의 어린 아들의 호화로운 생일파티가 열린 날, 지하에서 뛰쳐나온 가난한 이들은 생존을 위해 서로 살인극을 벌이고 그 와중에 기택은 냄새나는 가난한 자와의 연대를 거부하는 박 사장에 대한 분노를 참지 못하고 살인이라는 폭력으로 표출했다. 그리고 스스로를 지하에 가두어 기생충처럼 살게 되었다. 〈기생충〉은 할리우드의 도식적인 스토리텔링에서 벗어나 한국 사회 특유의 계층 간 갈등을 그 어느 사회과학적 이론보다 명확하게 보여준다.

드라마 〈오징어 게임〉

넷플릭스 드라마 〈오징어 게임〉은 세계 최고의 시청률을 기록하며 전 세계에 K-콘텐츠 신드롬을 일으켰다. 총 9화로 구성된 이 드라마는 오락물이면서도 영화 〈기생충〉처럼 강렬한 사회적·도덕적 메시지를 던진다. 또한 비슷한 장르의 미국 영화는 상상하기 어려운 독창적인 서사구조를 갖고 있다. 〈기생충〉의 내용이 문화가 다른 서구인에게 무섭고 기이했듯이 〈오징어 게임〉 역시 '창의적'이고 '독특한' 호러 영화로 보일 것으로 생각한다.

계급사회

이 드라마에서 게임이 이루어지는 세팅은 철저하게 계급사회다. 제일 상층에 있는 것은 어마어마하게 돈이 많은 자들이다. 그들은 게임의 룰을 만들고 게임을 설계하는 사람들이다. 이 부자들은 너무나 돈이 많아 심심풀이 땅콩으로 서바이벌 게임을 만들어 그것을 지켜보는 것을 즐기는 부도덕한 사람들이다. 호스트 오일남은 아련하게면, 순수했던 유년기에 하던 놀이를 살인게임으로 바꿔 그 속에서 사람들이 발버둥 치는 모습을 보며 쾌락을 느꼈다. 얼마나 악한가!

사람들이 죽어나가는 모습을 직접 보기 위해 게임장을 방문하여 높은 곳에서 관람하는 VIP들 역시 토가 나올 정도로 부도덕하다. 그들은 오일남의 고객들이다. 바디페인팅을 한 사람들을 가구로 혹은 장식물로 사용하는 방에서 술을 마시며 게임을 구경한다. 로마의 검투사들이 죽을 때까지 싸우는 것을 구경하듯 그들도 게임 참여자들이 죽기 살기로 경쟁하는 모습을 내려다본다. 그리고 마치 경마장에서 달리는 말에 베팅을 하듯 '인간 말'에 어마어마한 금액을 건다. 설계자들은 중간에 게임이 시시하게 전개될 것 같으면 즉석에서 규칙을 바꾼다. 죽음을 좀 더 아슬아슬하게 연출하기 위해서다. 유리다리를 건너는 게임에서 유리공장에서 일했던 기술자가 빛을 이용해 강화유리와 깨지는 유리를 구분해 안전하게 건너기 시작하자 재미가 없다고 생각한 VIP들은 유리다리에 빛을 비추지 않고 깜깜한 어둠 속에서 게임 참가자들이 운에 따라 운명이 결정되도록 만든다. VIP들은 단지 죽음을 앞둔 사람이 공포에 떠는 모습을 구경하고 싶었다. 이보다 더 악마스러운 모습이 어디 있나?

VIP들은 모두 황금으로 만들어진 동물 가면을 쓰고 있다. 그들은 왜 가면을 쓰고 있을까? 가면을 쓸 때 사람은 한껏 부도덕해질 수 있다. 뻔뻔한 사람을 '얼굴에 철판 깔았다'고 하듯이, 가면을 쓴 사람은 조금의 망설임도 없이 어떤 나쁜 짓도 할 수 있다. 그들은 황금으로 치장한 동물 가면을 쓰고 짐승처럼 욕망을 충족시키기 위해 인명을 학살하는 게임을 구경한다.

게임 설계자들 밑에는 게임의 룰을 집행하는 사람들이 있다. 그들은 게임이 공정하게 운영되는지, 룰을 어기는 자가 없는지 감시하며 탈락한 사람들을 그 자리에서 총살하고 시체를 옮기는 등 게임 진행에 필요한 실무적인 일을 한다. 그들은 기계처럼 지시받은 대로 임무를 수행한다. 진행요원들의 최고참은 프론트맨이다. 프론트맨은 '공정'과 '평등'을 강조한다. 모두 '평등하게' 똑같은 룰에 따라야 한다. 예외는 없다고 한다.

진행요원들은 온몸을 방호복 같은 핑크색 복장으로 감싸고 있으며 얼굴 역시 검은 가면으로 가린다. 그들은 게임이 진행되는 곳에서 절대로 얼굴을 보여주면 안 된다. 이를 어기면 그 자리에서 프론트맨에게 총살당한다. 나는 룰 집행자들의 가면이 법과 규칙의 비인격성을 상징한다고 본다. 그들의 가면은 게임 참여자들과의 인간적인 접촉을 단절시킨다. 가면을 쓴 진행요원들은 얼굴 표정이나 눈 맞춤 같은 것을 통해 게임 참여자들과 교감하는 것이 불가능하다. 그들은 아무 감정 없이 지시받은 대로 살인하는 인간병기가 된다.

집행자 아래에는 룰에 따라 게임을 하는 참가자들이 있다. 456억 원이라는 어마어마한 금액의 상금을 따기 위해 456명, 아니 게임 설계자인 오일남을 제외하면 455명이 자기 목숨을 거는 게임을 하고자 '자발적으로' 모였다. 그들은 대부분 이런저런 이유로 엄청난 빚을 지게 된 '루저'들이고, 이판사판의 절망적인 심정으로 살인게임에 참여한다. 룰을 바꾸지도 못하며 그저 주어진 룰에 따라 죽기 아니면 살기로 게임을 해야 한다.

게임 참가자들에겐 가면이 주어지지 않는다. 남을 죽여서라도 자신은 살아야 하는 극한 상황에서 인간 본성이 날것 그대로 노출되고, 이는 게임 설계자들의 구경거리가 된다. 구슬게임에서 아내는 죽고 자신만 살아남은 어느 참가자는 적나라하게 드러난 스스로의 추악한 모습이 부끄러워 자살하고 만다. 만약 그가 가면을 썼다면 자살했을까? 게임을 설계한 호스트와 VIP는 몇백 명을 학살하는 더 큰 죄악을 저질렀어도 자살하지 않는다. 자신의 악한 모습이 만천하에

드러나지 않으니까.

이렇게 〈오징어 게임〉에 등장하는 사람들은 하류층이 일확천금을 노리고 살인게임을 하는 것을 보며 재미를 느끼는 '상류층'과 상류층의 지시대로 하류층을 감시하고 총살하는 '중류층' 그리고 동물원의 동물처럼 일방적으로 감시당하고 구경당하는 '하류층'의 세 계급으로 나누어져 있다. 각 계급은 격리되어 있고 섞일 수 없다. 최상층의 VIP들은 하류층이 감히 넘볼 수 없고 덤벼들 수 없는 안전한 곳에서 그들을 내려다본다. 상류층이 얼마나 악한지 하류층은 들여다볼 수 없다. 그런데 이 모든 게임을 만들어낸 상류층의 호스트 오일남이 하류층에 잠입하여 함께 게임을 하기로 마음먹는다. 그게 저 높은 곳에서 구경하는 것보다 훨씬 더 재미있을 거라고 생각했기 때문이다.

성기훈: 공동체적 인간

하류층 루저 중에 주인공 성기훈이 있다. 그는 절대로 할리우드 영화에서 볼 수 있는 매력적인 남자 주인공이 아니다. 자기규율이라고는 눈곱만큼도 없이 나태하고, 경마에 빠져 엄마의 생활비까지 다 날려버리고 사채업자에게 쫓기는 실업자다. 사지 멀쩡한 사내자식이 허리 굽은 노모에게 얹혀살고, 이혼한 아내가 키우는 어린 딸의 생일선물을 살 돈도 마련 못 하는 한심한 인간이다. 그런데 이 지지리도 못난 아저씨에 대한 작가의 시선은 가장 따뜻하다.

성기훈은 다른 사람의 이야기에 공감을 잘하고 잘 도와주는 인정 많고 선량하며 심지어 정의로운 사람으로 그려진다. 그는 끝까지 살아남아 456억 원의 상금을 차지하게 된다. 그러나 1년 후 '깐부' 할아버지를 다시 만날 때까지 그는 만 원 한 장을 상금에서 찾아 쓰지 못한다. 그 돈이 게임을 하다 죽임당한 사람들의 목숨값 그리고 엄마를 죽도록 방치한 죄값이라는 생각이 들어서 그러지 않았을까? 그는 결승전인 '오징어 게임'에서 어릴 적 동네 후배 상우에게 상금을 포기하고 함께 살아서 집에 가자고 제안한다. 둘 중 하나는 죽어야 하는 게임의 규칙을 받아들이지 못했기 때문이다. 그런데 1년 후 어느 날, 기훈은 놀랍게도 죽은 줄 알았던 오일남으로부터 초대장을 받아 그를 재회하게 된다. 그는 병석에 누워 임종을 앞두고 있었다. 초대장을 보면 그 시간은 마침 크리스마스 이브 11시 30분이었다.

오일남은 기훈에게 자기가 오징어 게임 전체를 설계했음을 밝히고 마지막으로 게임 하나를 제안한다. 창밖에 보이는 노숙자가 그대로 얼어 죽을 것인가 아니면 30분 안에 누군가 와서 그를 구할 것인가를 두고, 두 사람은 내기를 한다. 인간의 선함을 믿지 못하는 오일남은 '그 노숙자를 구하는 사람은 없다'에 베팅한다. 그리고 기훈에게 죄책감 갖지 말고 상금을 받아들이길 권한다. 그 상금은 기훈의 운과 노력에 대한 보상이라고. 그런데 누군가 노숙자를 보고 경찰에 신고하여 자정 몇 초 전에 그를 구하는 것을 기훈은 보게 된다. 오일남이 내기에서 진 것이다. 그러나 그는 이미 숨을 거두고 난 후였다.

그제야 기훈은 자신이 게임의 승자임을 받아들일 수 있었던 듯하다. 아마 깐부 할아버지를 희생시켜 게임에서 이겼다는 죄책감을 털어 버릴 수 있었을 것이다. 그리고 그는 한 줄기 희망을 보았을지도 모른다. 추운 겨울밤 얼어 죽어가는 노숙자를 구하는 사람이 있는 세상은 살 만하다고.

재차 말하지만, 성기훈 같은 남자 주인공은 할리우드 영화에서 상상할 수 없다. 미국이라면 성인 아들을 늙은 엄마에게 그렇게 무기력하고 염치없이 얹혀살고 경마에 중독된 실업자로 그리지는 않았을 것이다. 엄마는 아들의 은행 대출금을 갚기 위해 길거리에서 채소 장수를 하고 손녀의 생일을 잊지 말라고 꼬박꼬박 챙겨 줘도, 기훈은 집에서 밥도 안 하고 설거지도 안 하는 듯하다. 엄마는 그릇은 물에 담가 놓으라고 말하고 나간다. 미국의 핵가족 문화에서 자식에 대한 모성은 딱 성인이 될 때까지만 유효하다. 미국 영화 중에 제 자식도 건사하지 못하고 부모에게 기대어 사는 가난한 남자가 주인공으로 등장하는 영화가 있던가? 미국의 대중문화에서 가난한 남성에 대한 따뜻한 시선은 찾기 힘들다. 알코올 중독자, 약물 중독자, 범죄인 등 비정상적인 문제 인간으로 나올 뿐이다.

〈오징어 게임〉이 미국에서 만들어졌다면 기훈은 아마 뛰어난 신체적 능력이나 지력으로 문제를 해결하는 사람으로 나왔을 것이다. 기훈을 게임 참가자 중에서 가장 악당인 장덕수와 어떻게 해서든지 대결하게 하여 결국에는 장덕수가 기훈의 손에 죽도록 만들었을지도 모른다. 초능력을 가진 슈퍼맨 영화나 형사 혹은 경찰이 주인공인 영화들은 대체로 그런 서사구조를 갖고 있다. 슈퍼맨, 스파이더맨, 배트맨 등의 초능력을 가진 남자가(요즘엔 여자도 포함) 세상의 악당을 쳐부수는 이야기에서 미국인들은 많은 위로를 받는다. 정의가 실현되었다고 생각하는 것이다. 그리고 많은 영웅 스토리에는 미녀와의 로맨스도 빠지지 않는다. 아마 강새벽과 성기훈 사이에 사랑이 싹트고 둘이 함께 힘을 합쳐 악당들을 물리치고 상금을 타는 것으로 할리우드판 〈오징어 게임〉은 만들어졌을지도 모른다.

황동혁 감독은 할리우드 스타일의 영웅서사를 단호히 배격하였다. 대신 그는 위에 언급했듯이 성기훈의 따뜻한 인성과 도덕성을 부각시켰다. 기훈은 약육강식의 게임 현장에서 약자로 보이는 사람에게 먼저 다가가 인정을 베풀거나 양보하였다. 그런데 그러한 양보와 배려가 오히려 게임에서 유리해지도록 이끌었다. 그는 아무도 짝을 하고 싶어 하지 않는 노인에게 가서 짝이 되었고, 구슬치기 게임에서 노인은 기훈에게 우리는 '깐부'라며 승리를 양보하였다. 유리다리 게임 바로 전에는 1번이 되게 해달라고 애원하는 남자에게 1번을 양보하고 제일 마지막 번호를 달게 되어 오히려 이길 수 있었다.

감독은 다른 사람에 대한 기훈의 따뜻한 인정과 배려를 개인의 능력과 노력을 강조하는 상우의 능력주의와 대조시킨다. 상우는 가난한 동네에서 공부를 열심히 하여 서울대 경영학과에 수석으로 입학한 엘리트였지만 증권회사에서 일하다가 고객의 돈을 유용하여

60억의 빚을 지고 이 게임장까지 오게 되었다. 상우는 교양 있는 중산층답게 외국인 노동자 알리에게 조그만 친절을 베푼다. 2화에서 바깥으로 다시 나갈 기회가 주어졌을 때 상우는 알리에게 차비를 주고 컵라면을 사주고 게임장으로 다시 와서는 한 팀에 끼워 주었다.

그러나 상우가 베푸는 친절은 서민적인 기훈이 베푸는 인정이나, 아이들이 딱지와 구슬을 공유하는 '깐부' 관계와 다르다. 친절은 상대의 인간성 자체에 대한 믿음을 필요로 하지 않는 복잡한 현대 도시사회의 좋은 매너일 뿐이다. 고도로 분업화된 도시사회에서 만나는 사람들은 서로에 대해 피상적으로 알기 때문에 계약적인 관계를 맺는다. 친절은 자기 마음을 주는 것이 아니기 때문에 생전 처음 보는 사람에게도 잘 모르는 사람에게도 베풀 수 있다. 그래서 상우는 알리를 속이고 구슬게임에서 승자로 인정받은 후, 자신의 등 뒤에서 알리를 쏘는 총소리가 나자 눈 한 번 찡긋할 뿐이다. 깊은 죄책감은 보이지 않았다. 친절한 상우에게 알리는 공동체적 관계인 '우리'가 아니라 그저 '남'이었기 때문이다.

반면에 기훈이 오일남과 맺게 되는 '깐부'는 끈끈한 공동체적 관계다. 오일남은 자신의 정체를 숨기고 기훈에게 말한다. "우리는 깐부잖아." 공유하는 관계, 어린 시절 내 장난감과 네 장난감을 구분하지 않았던 관계가 바로 깐부다. 기훈은 오일남이 양보하여 자기에게 마지막 구슬을 주었을 때, 깐부라고 좋아했던 그를 속인 것에 대한 죄책감으로 울음을 터뜨렸다. 그 죄책감에, 게임이 끝난 후에도 자신의 승리를 받아들이지 못했다. 그러나 상우는 알리를 속인 후에도 유리기술자를 밀쳐내 죽게 했고 결승선 전에 고의로 강새벽을 제거하였다. 그럼에도 자신은 엄청 노력해서 경쟁에서 이긴 것이라고 기훈에게 외친다. 상우는 자신이 결승전까지 살아남게 된 것이 다른 사람들 희생 덕분이고 속임수라는 방법을 썼기 때문이라는 것을 인정하지 않았다.

감독은 이렇듯 기훈과 상우를 비교해 보여줌으로써 미국 대중문화의 영웅주의 세계관에 대해 문제를 제기한다. 즉 그는 어떤 한 사람이 게임에서 이길 수 있었던 것은 독립된 개인이 노력한 결과가 아니라 여러 사람의 도움과 운이 있었기 때문이라고 본다. 할리우드 스타일과 다르게 전개된 〈오징어 게임〉은 미국과 다양한 문화권의 시청자들에게 지극히 신선하고 창의적인 잔혹 동화로 다가갔을 것이다.

'지옥' 같은 현실

그렇다면 〈오징어 게임〉의 상상력은 어디에서 오는 것일까? 서구의 많은 대중매체들은 이 열풍에 대해 한국이 급속도로 경제성장을 하면서 경제적 불평등이 심화되었기 때문에 사회문제가 된 것이라고 설명한다. 그러나 한국의 빈부 격차는 세계 각국과 비교할 때 유달리 크다고 하기는 힘들다. 2018년 OECD 국가들의 지니계수(처분소득 기준)를 비교하면 한국은 8위다. 지니계수가 높을수록 경제적으로 불평등하다. 한국보다 지니계수가 높은 주요 국가들은 미국, 멕시코, 영국, 터키, 이스라엘, 브라질 등이다. 그리고 한국보다 약간 낮거나 거의 비슷한 국가는 일본, 스페인, 이탈리아 등이다.

그런데 이번에 〈오징어 게임〉이 세계적으로 메가 히트를 친 것을 두고 영미권의 대중매체들은 이를 통해 빈부 격차의 문제에 눈을 뜨게 되었고 많이 공감할 수 있었다고 언급하였다. 한국보다 경제적 불평등이 심한 미국이나 영국의 대중문화에서는 그동안 부의 양극화 문제가 별로 다루어지지 않았음을 알 수 있다. 외국 대중매체의 이러한 반응은 한국 사회가 빈부 격차를 더 심각한 사회문제로 받아들이고 있다는 것을 잘 보여준다.

무엇이 사회적으로 중요한 문제인가를 인식하는 데에는 문화적 차이가 존재한다. 미국의 대중문화에서 악당이 여성이나 어린이를 납치하여 생명을 위협하면 건장한 주인공 남자가 달려오든지 날라오든지 하여 그들을 구하는 것은 할리우드 영화의 인기 소재다. 즉 신체적 자유를 상실하는 상황을 주인공 남자가 우월한 신체적 능력이나 물리적 힘을 사용하여 해결하는 영웅서사는 많은 미국인들이 자유라는 가치를 소중히 하고, 이를 지키기 위해 물리적 힘이 중요하다고 인식하고 있음을 잘 보여준다. 반면에 한국 영화에서 어린이와 여성의 유괴나 납치 혹은 비슷한 상황을 설정하는 경우는 드물다. 마찬가지로 경제적 불평등을 심각한 사회문제로 받아들이는 정도도 문화에 따라 다르다.

한국은 동아시아에서도 가장 유교적인 문화전통을 갖고 있다. 조선의 통치 이념이었던 성리학은 이익의 추구를 자제하고 의리를 강조하는 것을 도덕의 기초로 삼았으며, 경제를 성장시켜 물질적 생활을 개선하는 것보다 골고루 분배하고 사회를 안정시키는 것을 더 중요시하였다. 유학자들은 물질은 한정되어 있으며 욕망은 끝이 없기 때문에 물질적 이익을 추구하는 행위는 더 많이 소유하기 위한 경쟁을 만들어내고, 그 결과 사회적 갈등이 심화된다고 생각했다. 조선시대 부자의 사회적 지위 또한 매우 낮았다. 아무리 재산이 많아도 그 사실만으로 지역사회에서 양반으로 공인받지 못했다.

지난 반세기 이상 지속된 산업화와 경제성장은 가난한 후진국이었던 한국을 소위 선진국의 반열에 오르도록 했지만, 함께 진행된 경제적 불평등은 균분과 안정을 강조했던 전통적 경제관과 충돌할 수밖에 없었다. 부의 양극화는 가장 시급히 해결되어야 할 사회불안의 요소로 종종 정치이슈가 되었다. 2022년 대통령 선거의 여당 후보가 내세운 슬로건도 "모두 함께 잘사는 대동세상"이다. '대동세상'은 유교적 평등주의를 집약한 개념이다. "강자의 욕망을 절제시키고 약자의 삶을 보듬는 억강부약 정치로 모두 함께 잘사는" 사회가 대동세상이다. 문재인 대통령의 청와대 홈페이지에는 "함께 잘사는 나라"라는 슬로건이 뜬다.

빈부 격차의 문제를 다루는 〈오징어 게임〉의 스토리에는 이렇듯 '모두가 함께 잘사는 대동사회'를 이상화하는 유교적 경제관이 깊이

스며 있다. 세계 자본주의 체제는 유교의 평등주의 관점에서 볼 때 불평등과 불공정으로 가득 차 있는 너무도 부도덕한 세상이다. 작가이자 감독으로 〈오징어 게임〉을 만든 황동혁은 영국 「가디언」지와의 인터뷰에서 이 드라마는 바로 현대 사회의 모습을 표현한 것이라고 밝혔다. 그는 물었다. "실제로 우리는 너무나도 불공평한 세상에서 목숨 걸고 싸우고 있지 않나요?" 〈오징어 게임〉에서도 프론트맨은 바깥세상에서 사람들이 불평등과 차별에 시달려왔다고 일갈한다. 작가는 오일남의 입을 빌려 "바깥세상은 오징어 게임보다 더 지옥"이라고 단언한다. '지옥' 같은 남한의 자본주의 사회는 심지어 인민 대부분이 굶주림 속에 사는 북한의 공산주의 사회와 비교해도 별로 나을 것이 없다고 작가는 6화에서 암시한다. 탈북자 강새벽은 남한이 더 나은가 하는 지영의 물음에 대답을 회피한다.

유교적 관점에서 작가는 〈오징어 게임〉의 자본가들을 끝없이 이기적인 욕망을 탐하는 부도덕한 사람들로 만든다. 위에서 언급했듯이, 호스트와 6명의 VIP들로 나오는 자본가 혹은 부자들은 재미를 위해 살인게임을 설계한다. 영어로 이야기하고 그중 어떤 이는 중국계 이름을 가진 것으로 보아 이들은 국경을 넘나들며 전 지구적으로 활동하는 자본가들로 보인다. 이 억만장자 부자들은 게임 참여자들을 인간 말로 취급할 뿐이다. 나는 〈오징어 게임〉보다 심하게 자본가들을 악마적으로 그린 할리우드 영화나 드라마는 보지 못했다. 작가는 자본주의 사회에서 부자들이 수단과 방법을 가리지 않고 경쟁에서 이기고자 하기 때문에 악마적으로 변한다고 생각하는 듯하다. 오일남은 죽기 직전에 기훈에게 물었다. 그 살인게임에서 살아남은 후에도 사람을 믿냐고. 돈에 대한 탐욕으로 추잡해지는 인간의 본성을 다 보고 나서도 인간에 대한 믿음이 남아 있는지 묻는 것이다.

덕치를 강조하는 유교에서 법령과 형벌에 의한 통치를 바람직하지 않게 보았듯이 이 드라마의 감독은 법치에 대해서도 냉소적이다. 게임의 룰을 집행하는 진행요원들은 공정과 평등을 부르짖지만 실제로는 부자들의 지시에 맹목적으로 따르는 살인병기로서 존재할 뿐이다. 4화에서 불이 꺼지면 일부 게임 참가자들이 만만해 보이는 참가자들을 공격하고 죽이는 살육전을 벌일 때, 룰 집행자들은 오히려 약육강식을 부추겨 약자들은 숨어지고 강자들만 살아남도록 만든다. 또한 일부 진행요원들은 마치 부패한 공무원처럼 공정과 평등의 원칙에서 일탈한다. 게임 참여자 중 한 사람인 의사를 몰래 불러내 그에게 게임에 관해 미리 알려주는 대신, 시체에서 장기를 적출하게 하여 밀매하다 모두 죽임을 당한다. 즉 작가는 룰 집행자들이 말로만 '공정'과 '평등'을 내세우고 실제로는 자본가의 하수인 역할을 하며 약자보다 강자 편을 들고 사리사욕을 도모하는 부패한 집단이라는 걸 말하고 있다.

부도덕한 자본주의 계급사회에서 감독은 성기훈과 같은 인물에서 희망을 찾고자 하는 것으로 보인다. 위에서 언급한 것처럼 기훈은 목숨 걸고 게임을 해야 하는 극한 상황에서도 인간성을 잃지 않는 인

물로 그려진다. 작가가 할리우드 영화의 영웅서사를 거부하고 기훈
의 따뜻한 인정과 도덕성을 강조하는 것은 유교의 덕치주의가 마음
의 수양을 중요시하는 것과 비슷하다. 성기훈은 유교에서 강조하는
의로운 인간, 즉 이기심을 자제하고 의리를 중시하는 공동체적 인간
형에 가깝다.

　기훈의 '정의로움'은 남자의 '바깥일'과 여자의 '내조'로 이어지
는 유교적 성 역할을 고수하는 데서 잘 나타난다. 기훈은 사적인 영
역에서의 자신의 역할과 책임보다 공적인 영역에서의 동료들과의
의리를 더 중요시했다. 그의 전처와의 대화에서 알 수 있듯이, 기훈
은 아내가 딸을 출산하던 날 회사 동료가 파업시위를 하다가 경찰
의 과잉진압으로 자신 앞에서 죽었다는 이유로 병원에 나타나지 않
았다. 그날 남편을 기다리던 아내와 뱃속 아기는 출산 중에 죽을 뻔
했다고 한다. 또한 드라마 엔딩에서 기훈은 미국에 있는 딸을 만나러
가기 위해 비행기를 탑승하려다 생각을 바꿔 어디론가 간다. 그가 돌
아서기 직전에 프론트맨에게 전화로 "용서하지 않겠다"고 말한 것으
로 보아 딸과의 만남을 잠시 미루고 오징어 게임이 다시 진행되는 것
을 막으러 가는 것은 아니었을까 유추할 뿐이다. 어쨌든 기훈은 아빠
로서 1년 이상 만나지 못한 어린 딸과의 약속을 지키는 것보다 사회
의 악당들을 처부수는 일이 더 시급하다고 생각했을 것이다. 개인의
사생활을 신성시하는 서구 문화권의 시청자들은 이해하기 힘든 결
말이다. 「가디언」지의 인터뷰 기사는 미국의 유명 농구선수 르브론

제임스Lebron James가 〈오징어 게임〉의 결말이 마음에 안 들었다고 말한 것으로 전한다. 나의 미국인 지인들도 똑같이 결말에 공감하지 못했다.

성기훈이 사적 영역에서의 가족관계보다 가정 밖 공적 영역에서의 사회생활과 동료관계를 우선시하는 것은 우리에게 낯설지 않다. '일이 가족보다 중요하다'는 산업화 세대의 공동체적 조직문화와 가정에 충실한 행위를 소시민적이고 반사회적이라고 생각했던 586 운동권의 공동체주의에서 흔히 볼 수 있다. 공동체적 조직문화에서는 남자는 가족을 대표하는 가장으로서 직장에서 일하는 것이며, 이를 위해 여자의 내조가 필요하다고 본다. 즉 가정까지 조직에 포함되는 것이다. 이러한 조직문화는 직원들 간의 경쟁보다 내 일, 네 일 따지지 않고 서로 힘을 합쳐 일을 다 함께 끝내는 것을 더 중요하게 생각한다. 자기 일이 끝났다고 해서 정시에 퇴근하는 것은 이기적인 행위로 거의 금기시된다. 조직에 속한 이상 개인 생활은 어느 정도 희생되어야 조직이 잘된다고 믿는다. '한 식구'라는 공동체 의식은 퇴근후 회식이나 모임을 통하여 고양되고 직원들의 소속감과 동료의식을 강화시킨다.

공동체적 조직문화에서는 능력 위주의 인사 및 보수와 고용 관행은 오히려 비효율적이며 인화를 해친다고 본다. 일을 잘하든 못하든 누구나 근무를 오래하면 자동으로 승진하고 월급도 똑같이 올라가야 공정하다고 본다. 당연히 평생고용이나 연공서열 같은 고용관행이 자리 잡게 된다. 그러나 이 같은 고용관행은 기업이 지속적으로 성장할 때에만 유지가 가능하다. IMF 경제위기 때 경영상 피치 못할 이유로 혹은 저성과자라는 이유로 정리해고하는 것이 법제화되면서 회사 내에서 살아남기 위한 경쟁은 치열해졌다고 할 수 있다. 또한 기업의 입장에서는 비용을 절감하기 위해 공동체적 조직문화 속에서 안정적인 고용을 보장하는 정규직은 덜 뽑을 것이고, 대신 공동체적 고용관행이 적용되지 않는 임시직이나 계약직을 뽑게 될 것이다. 그 결과 노동시장은 노동귀족이라고 할 수 있는 정규직과 똑같은 일을 해도 보수와 고용에 있어 차별받는 비정규직으로 양극화되는 현상이 발생한다. 근로자의 입장에서 정규직이 되기 위한 경쟁은 갈수록 심화될 것이다.

〈오징어 게임〉 6화는 공동체적 조직문화에서 일어나는 경쟁의 비극성을 보여준다. 회사에서 업무실적에 대해 객관적 평가를 할 때, 경쟁의 대상은 사실 '남'이 아니다. 미우나 고우나 같은 부서의 동료 직원들은 식구처럼 많은 시간을 함께 보내는 사람들이다. 자기 일이 아니어도 서로 도와주고 일이 끝난 후에는 함께 술을 마시며 스트레스를 풀었다. 일과 친교와의 구분이 거의 없었으며 잠만 집에서 잘 뿐이었다. 그런데 자신보다 늦게 입사한 후배가 일을 잘해서 혹은 사내 정치를 잘해서 또는 빽이 든든해서 먼저 승진하고 자신은 연거푸 경쟁에서 밀려나거나 명예퇴직을 당할 때, 혹은 아무리 열심히 일하고 심지어 성과가 좋았어도 비정규직이어서 그만두어야 한다면 그 사람은 그야말로 죽고 싶은 심정이 들 것이다. 그것은 만인 앞에서 창피를 당하는 것이나 마찬가지다. 자존감은 부서진다. '번듯한' 직장과 직위가 그 사람과 그의 가족의 사회적 지위를 결정하는 한국 사회에서 정규직 직장을 갖지 못하는 것은 정기적인 수입이 끊어진다는 사실에 그치지 않는다. 특히 바깥일을 하도록 키워진 남자에게 정규직에서 쫓겨나는 실업은 자신의 사회적 존재를 규정했던 공동체의 상실을 의미한다.

〈오징어 게임〉은 공동체적 사회에서 경쟁에 탈락되는 절망감을 좀 더 과장했을 뿐이다. 6화는 기훈과 깐부 할아버지, 상우와 알리, 새벽과 지영 등 게임장에서 정을 붙이게 된 사람들끼리 그리고 부부끼리 살인게임을 하게 만들어 눈물을 자아냈다. 한편으로는 회사가 가족이라고 하면서 다른 한편으로는 경쟁을 시켜 누군가를 탈락시키는 것, 혹은 비정규직이라는 이유로 차별하는 것은 참으로 잔인한 일이다. 그래서 감독은 말한다. 〈오징어 게임〉은 현실이라고. 지옥 같은 현실이라고.

〈오징어 게임〉은 보편적인가

〈오징어 게임〉의 감독은 우리 사회의 경쟁에서 오는 비극성은 보편적일 것이라고 생각한다. 그는 영국 「가디언」지와의 인터뷰에서 불평등하고 불공정한 현실은 자본주의 사회 어디서나 마찬가지라고 이야기했다. 그러나 내가 보기에 개인이 느끼는 절망은 한국처럼 공적인 영역에서 공동체적 문화가 우세한 자본주의 사회에서 좀 더 심각하게 나타날 것이다.

미국을 예로 들어보자. 미국 사회는 각 분야에서 훨씬 경쟁이 심하고 소득 격차 또한 크다. 그러나 공사 구분이 명확하고 직장에서의 관계는 비인격적인 계약관계로 생각하기 때문에, 직원들은 계약에 따라 자신이 책임져야 할 일을 분명히 하고 다른 구성원과의 정서적 유대는 약하다. 그들은 서로에게 친절하지만 그 친절은 앞에서도 설명했듯이 한국인의 '정'과 다르다. 사랑이나 우정처럼 인간관계의 따스함이 존재하는 공동체적 관계는 사적인 영역에 존재한다. 감성적 사랑이 존재하는 사적인 영역과 이해타산과 경쟁이 지배하는 공적인 영역은 엄격히 분리되어 있다. 가정과 친구 그리고 이웃 등 친교의 영역은 정치와 경제의 영역으로부터 분리되어 있을 뿐 아니라, 가장 소중한 영역으로 보호받는다. 사람들은 소소한 사생활에서 행복을 느끼기 때문이다. 국가정책은 사적인 영역의 자율성을 존중하고 중대한 이유가 아니면 침범하지 않는 것을 원칙으로 한다. 그렇기 때문에 공적인 영역에서 경쟁에 뒤처지거나 실패하는 것이 사적인 영역에서의 공동체적 인간관계의 상실로 쉽게 귀결되지 않는다. 미국의 노동자 계층이나 빈곤층은 중산층보다 더 가족이나 친척과의 유대관계가 강하며 비상시에는 그들로부터 도움을 받는다.

미국인들은 대체로 공적인 영역에서의 경쟁을 좋게 받아들이고 소득의 차이를 인정한다. 일 잘하는 사람이 빨리 승진하고 많은 성과 급을 받는 것을 당연하게 생각한다. 스포츠 정신은 미국 사회가 가진 평등의 정신을 잘 보여준다. 잘하는 팀이나 선수가 경쟁에서 이긴 것에 대해 축하해주고 아무리 속상해도 졌다고 울거나 하지 않는다. 경쟁의 결과에 승복하는 것은 기본 에티켓이다. 가정에서 부모는 아이들에게 게임이나 놀이를 통해 공정하게 경쟁하고 그 결과에 대해 승복하는 법을 가르친다. 즉 미국문화에서는 개인 간에 존재하는 부의 차이나 권력의 차이 혹은 실력의 차이가 불평등한 것으로 잘 인지되지 않는다. 부자와 가난한 자가 평등하며 대통령과 백악관 청소부가 평등하다.

물론 미국 사회에서도 평등은 자유와 함께 가장 중요한 가치관이다. 그러나 무엇이 평등인가 하는 것은 우리와 다르다. 미국문화에서 평등은 똑같이 나누어 갖는 '균등'이 아니라 법 앞에서의 평등을 말한다. 나이와 성별, 인종, 국적 등에 따라 차별적으로 법이 적용되는 것에 반대된다. '평등'은 "자신의 처지를 개선할 권리"를 말하며 "압정으로부터, 간섭으로부터, 그리고 원치 않는 일의 강요로부터의 자유를 의미한다."[1] 조직 사회에서도 상급자와 하급자가 평등하다. 부하 직원이 상급자에게 존댓말을 쓰지 않는다. 지시를 하는 상급자와 지시를 받는 하급자 간의 관계는 비인격적인 법규에 의해 정당성을 부여받는다. 직장상사의 권위가 법률에 의거한 권위이기 때문에 업무관계가 아닌 사적인 영역으로 확대되지 않는다. 즉 공과 사의 구분이 철저하다. 반면에 한국인은 어디서든지 윗사람과 아랫사람을 구분한다. 가정에서는 형과 동생을, 학교에서는 선배와 후배를 다르게 대한다. 한국인 대부분은 이를 두고 불평등하거나 비민주적이라고 생각하지 않는다.

빈부의 차이를 어느 정도 당연하게 받아들이는 미국문화에서 자본가나 부자에 대한 인식 또한 당연히 부정적이지 않다. 〈오징어 게임〉에서 자본가는 쾌락을 위해 살인게임을 설계하는 악마적인 인물로 그려지지만, 역사적으로 서구의 자본주의는 지독하게 자기규율적이고 금욕주의적인 부르주아 문화와 함께 탄생하였다. 이는 종교개혁 이후 널리 확산된 신교의 교리와 관련된다. 막스 베버가 『프로테스탄트 윤리와 자본주의 정신』에서 명료하게 분석했듯이 근대에 태동한 자본주의는 인간 사회 어디서나 볼 수 있는 배금주의나 탐욕의 추구와 다르다. 베버에 따르면 자본주의의 특징은 노동과 자본을 과학과 이성에 근거하여 합리적이고 효율적으로 조직하고 지속적으로 투자하는 데 있다. 이러한 사회조직은 자본가와 관리자 그리고 노동자의 엄격한 자기규율을 필요로 한다. 우선 신교의 여러 종파들은 공통적으로 산업 활동을 통해 이윤을 추구하는 행위가 하느님의 뜻에 부합한다고 보았다. 세속에서의 노동에는 신의 찬미라는 의미가 부여되었으며 게으르고 시간을 낭비하는 행위, 일할 수 있는데 구걸하는 행위 등은 심각한 죄악으로 규정되었다. 감리교 창시자 존 웨슬리John Wesley는 "돈은 가능하면 많이 벌고, 많이 저축하고, 많이 기부하라"고 설교했다. 또한 신교는 중세 가톨릭교에서 성사와 교회를 통해 구원받는 것을 완전히 거부함으로써 신앙에서 감정적이고 감각적인 요소들을 제거하였다. 신도들이 충동적인 행동이나 기쁨, 슬픔, 분노 등의 격한 감정을 표출하는 것을 자제하도록 가르쳤다. 미국 부르주아 사회에서 감정표현을 절제하고 이성적이고 합리적으로 생각하는 냉철한 이미지의 자본가나 사업가들은 가장 윤리적인 인물로 존경받았다.

결론적으로 말해서 서구의 자본주의 사회에는 합리성과 효율성을 강조하는 자본주의적 분업체계와 이로 인한 경제적 불평등을 정당화하는 문화적 의미의 체계가 공존하고 있다고 볼 수 있다. 20세기에 들어와 노동과 직업에 부여된 종교적 의미는 많이 퇴조하였다. 21세기 글로벌 경제체제에서 갈수록 심화되는 빈부 격차를 개인이 어느 정도 의미 있게 받아들일 수 있는가의 문제는 더는 종교적 교리에 의해 해결되기 어려울지도 모른다. 그렇다 하더라도 미국 사회의 빈부 격차가 경쟁에 뒤처지는 사람들에게 공동체적 사회로부터 추방당하는 '지옥' 같은 현실을 만들어내기는 어려울 것이다.

〈오징어 게임〉은 잔혹한 오락드라마이면서 동시에 한국 사회에 사회과학적·인문학적 생각거리를 던진다. 그렇게도 부러워하던 선진국의 반열에 올랐지만 왜 한국인들은 행복하지 않은 것일까? 부를 획득하기 위한 경쟁이 핵심인 자본주의 경제와 경쟁을 억누르는 유교적 공동체 문화가 어느 정도까지 함께 갈 수 있을까? 〈오징어 게임〉의 감독은 인정 많고 의리 있는 공동체적 인물 성기훈으로 하여

금 서바이벌 게임에서 승리하게 만들어 한국적 자본주의의 인간성 회복을 시도한 듯하다. 문재인 정부의 '사람이 먼저다'라는 기조와 비슷하다. 그러나 공적인 영역에서의 공정한 경쟁을 억제하는 공동체적 문화가 오히려 정규직과 비정규직이라는 현대판 신분제를 재생산하고 개인에게 불평등과 차별이 난무하는 '지옥' 같은 현실을 만들어낸다. 즉 세상을 지옥으로 만드는 것은 자본주의가 아니라 자본주의적 시장경제에 맞지 않는 우리 사회의 유교적 공동체주의라고 볼 수 있다.

기훈을 승리자로 만든 공동체 서사는 전래동화 『흥부전』을 생각나게 한다. 자식만 많이 낳고 경제적으로 무능하고 마음만 착한 흥부가 제비 다리를 고쳐주었더니 제비가 은혜를 갚아 부자가 되는 이야기는 도덕사회에서의 '부의 의미'를 여실히 보여준다. 열심히 일해서 부자가 되는 것이 아니라 착하게 살다가 운이 좋아서 부자가 되는 이야기다. 우리가 『흥부전』에 박수 치던 도덕사회로 돌아가면 행복할 것인가?

미주

1장 양반은 누구인가?

1   이영훈, 『한국경제사1』, 일조각, 2016, 664쪽.

2   조선의 직물과 염색 산업의 퇴조에 관한 설명은 「조효숙 전통염색과 문양」, 『한국복식 2천년』, 국립민속박물관 엮음, 1995, 196~205쪽 참조.

3   이영훈, 앞의 책, 601~602쪽.

4   시카타 히로시의 주장과 이에 대한 반론은 송준호, 『조선사회사연구』, 일조각, 1987, 151~164쪽 참조.

5   송준호, 앞의 책, 37쪽, 각주 21 참조.

6   금장태, 『유학사상의 이해』, 집문당, 1996, 67쪽.

7   금장태, 앞의 책, 17쪽.

8   송준호, 앞의 책, 442~443쪽에서 재인용.

9   에드워드 와그너, 『조선왕조 사회의 성취와 귀속』, 일조각, 2007, 398~399쪽 참조.

10 송준호, 앞의 책, 444~445쪽.

11 Max Weber, 1946, Class, status, and party, p.419~422. In Max Weber: Essays in Sociology, edited and translated by H. H. Gerth an C. Wright Mills, p.180~195. New York: Oxford University.

12 최봉영, 『조선시대 유교문화』, 사계절, 1997, 49~50쪽.

13 송준호, 앞의 책, 141쪽에서 재인용.

14 송준호, 앞의 책, 443쪽 각주 15에서 재인용.

15 송준호, 앞의 책, 402~403쪽.

16 송준호, 앞의 책, 4쪽.

17 홍패는 조선시대에 과거 급제자에게 주는 합격증서이며, 백패는 진사과나 생원과에 합격한 사람에게 주는 증서이다. 한림은 사관을, 옥당은 홍문관직을, 당상관은 정3품 이상의 관직을 말한다.

18 Song Sunhee, Kinship and Lineage in Korean Village Society, Ph.D. diss., Indiana University, 1982, p.432.

19 Song Sunhee, 앞의 책.

20 루스 베네딕트, 『국화와 칼』, 이광규 옮김, 서울대학교출판부, 1985, 125쪽.

21 루스 베네딕트, 앞의 책, 125쪽.

22 최봉영, 앞의 책, 49쪽.

23 박훤, 『만주한인민족운동사연구』, 일조각, 1991, 18쪽 참조.

24 진명행, 『조선레지스탕스의 두 얼굴』, 양문, 2021, 96~98쪽 참조.

25 2009년 동북아역사재단이 번역한 중화민국국민정부외교부 문서 『중일문제의 진상: 국제연맹 조사단에 참여한 중국 대표가 제출한 29가지 진술(1932년 4월~8월)』(146~147쪽)에 나와 있다. 중화민국국민정부외교부(2009) 참조.

26 나무위키〉'자유시 참변' 참조.

27 박훤, 「김좌진장군의 항일독립운동 성격과 역할: 투쟁노선과 정치이념을 중심으로」, 『군사』 no.46, 2002 참조.

28 "이 땅의 양심들은 왜 지금 태평한가?"(『월간참여사회』, 2001.9.1.)

29 "김원웅 멱살 잡은 광복회원, 일가족 7명 다 독립유공자"(『중앙일보』, 2021.4.11.)

30 "헌법재판소, 국가유공자 가족 공무원 시험 10% 가산점 헌법불일치 결정"(『법률신문』, 2006.2.24.)

31 "[함승민 기자의 위험한 경제(7) 가족채용 가산점] 국가유공자라도 과도한 가산점 부여는 곤란"(『중앙일보』, 2018.2.16.)

32 "국가공무원 7급 공채 경쟁률 47.8대 1… 여성 과반"(『매일경제』 2021.2.6.)

33 "서울시, 3.1.부터 저소득 독립, 국가유공자 유족 위한 생계지원 확대"(서울특별시 홈페이지〉분야별 정보〉복지, 2020.2.26.)

34 권헌익 · 정병호, 『극장국가 북한』, 창비, 2013, 155쪽.

35 권헌익 · 정병호, 앞의 책.

36 권헌익 · 정병호, 앞의 책, 48쪽.

37 권헌익 · 정병호, 앞의 책, 160쪽.

38 오구라 기조, 『한국은 하나의 철학이다』, 조성환 옮김, 모시는사람들, 2017, 22쪽.

39 Thomas Hobbes, Leviathan, Penguin Books, 1968[1651], 186쪽.

40 유교적 경제관에 대한 설명은 금장태, 『유학사상의 이해』, 집문당, 1996, 12~19쪽 참조.

41 김영애, 「전통수공업과 장인사회의 변천에 관한 연구」, 이화여자대학교 대학원 석사학위 논문, 2010.

42 김영애, 앞의 책.

43 Song Sunhee, Kinship and Lineage in Korean Village Society, Ph.D. diss., Indiana University, 1982, p.432.

44 Song Sunhee, 앞의 책, 447~448쪽.

45 Steven Sangren, Traditional Chinese corporation: beyond kinship. Journal of Asian Studies 43(3): 391–415, 1984 참조.

46 김광억, 「조상숭배와 사회조직의 원리」, 『한국문화인류학』 18권 0호, 1986, 123쪽.

47 김광억, 앞의 책, 124쪽.

48 중국 족보와 한국 족보의 비교는 송준호, 『조선사회사연구』, 일조각, 1986, 475~506쪽 참조.

49 강득희, 「유아기 사회화과정에 대한 연구: 일제하 서울지역의 사례를 중심으로」, 이화여자대학교 박사학위 논문, 1994, 42쪽.

50 Song Sunhee, Kinship and Lineage in Korean Village Society, Ph.D. diss., Indiana University, 1982, p.432.

51 문옥표 · 김광억, 「종족조직과 생활문화」, 문옥표 외, 『조선양반의 생활세계: 의성 김씨 천전과 고문서 자료를 중심으로』, 백산서당, 2004, 73쪽.

52 김택규, 『씨족부락의 구조연구』, 일조각, 1979, 327쪽.

53 미야지마 히로시, 『양반』, 노영구 옮김, 강, 1996, 46쪽.

54 조선시대 문과 급제자의 평균 연령은 36.4세 정도라고 한다. 박현순, "[조선의 과거제도 속으로] 출세의 사다리인가? 배움의 가시밭길인가?"(한국역사연구회, 2013.10.10.) 참조.

55 박현순, 앞의 책.

56 송준호, 『조선사회사연구』, 일조각, 1987, 404쪽, 각주 56 참조.

57 송준호, 앞의 책, 424쪽.

58 김택규(『씨족부락의 구조연구』, 일조각, 1979, 48~49쪽), 김광억(「통합과 결속의 문화적 장치」, 2004, 365쪽) 참조.

59 Maurice Freedman, Lineage Organization in Southeastern China, The Athlone Press, 1958, pp. 13~14.

60 이사벨라 비숍, 『한국과 그 이웃 나라들』, 이인화 옮김, 살림, 1994, 126쪽.

61 조선 후기 기근에 대한 논의는 전경목, 『고문서를 통해서 본 우반동과 우반동 김씨의 역사』, 신아출판사, 2001, 203~207쪽 참조.

62 전경목, 앞의 책, 345쪽, 주 87.

63 농업기술과 농지개발에 관한 논의는 미야지마 히로시, 『양반』, 노영구 옮김, 강, 1996, 115~152쪽 참조.

64 미야지마 히로시, 앞의 책, 137쪽.

65 문옥표 · 김광억, 「종족조직과 생활문화」, 문옥표 외, 『조선양반의 생활세계』, 백산서당, 2004, 82~85쪽 참조.

66 미야지마 히로시, 앞의 책.

67 전경목, 앞의 책.

68 George Foster, Peasant Society and the Image of Limited Good, American Anthropologist 67(2), 1965.

69 송준호, 앞의 책, 439쪽.

70 이사벨라 비숍, 앞의 책, 101쪽.

71 송준호, 앞의 책, 59~66쪽 참조.

72 송준호, 앞의 책, 61쪽.

73 이성무, 「조선초기의 향리」, 『한국사연구』 5, 1970.

74 Max Weber, The Protestant Ethic and the Spirit of Capitalism, Translated by Talcott Parsons, Counterpoint by Unwin Paperbacks, 1985.

75 Max Weber, 앞의 책, 161쪽.

76 에드워드 와그너, 『조선왕조 사회의 성취와 귀속』, 일조각, 2007, 389쪽.

77 위키문헌〉'백범일지' 참조.

78 김정렴, 『한국경제정책30년사』, 중앙일보 · 중앙경제신문, 1990, 434쪽.

79 김정렴, 앞의 책, 281~282쪽.

80 Alice Amsden, Asia's Next Giant: South Korea and Late Industrialization, Oxford University Press, 1989, p.69.

81 김정렴, 앞의 책, 88쪽.

82 Vincent Brandt, Rural development and the new community movement in South Korea, Korean Studies I, 1976/77, pp.32~39.

83 김정렴, 앞의 책, 435쪽.

84 김정렴, 앞의 책, 243쪽.

85 이 여론조사의 결과는 「동아일보」 1980년 1월 1일 자 기사 "80년대 바라보는 한국인의 의식구조"에 나와 있다.

86 Bruce Cumings, The origins and development of the Northeast Asian political

economy: industrial sectors, product cycles, and political consequences, International Organization 38(1). 1984.

87 "[박찬수의 NL 현대사] 극우 총장이 불지핀 주사파 성격 논쟁"(「한겨레」, 2016.7.9.)

88 정경유착에 대한 문화적 분석은 김은희,『문화에 발목잡힌 한국 경제』, 현민, 1999 참조.

89 김형아는 호주국립대학교 교수로 박정희의 중화학공업 정책을 연구하여 『박정희의 양날의 선택: 유신과 중화학공업』(2005, 일조각)을 썼다.

90 "노무현 전 대통령의 생애 '마지막 인터뷰' 공개"(「월간중앙」 2017년 2월 호).

91 구술자료는 윤택림 박사(한국구술사연구소 소장)의 논문 「여성의 삶과 역사인식」(2004)에 제시되어 있다.

2장 우리에게 조상은 무엇인가?

1 하트 · 필링,『티위사람들』, 왕한석 역, 교문사, 1988 참조.

2 Ladislav Holy, Anthropological Perspective on Kinship, Pluto Press, 1996, p.20~23.

3 본관에 대한 논의는 송준호,『조선사회사연구』, 일조각, 1987, 68~108쪽 참조.

4 송준호, 앞의 책, 72쪽.

5 송준호, 앞의 책, 73쪽, 주석 5 참조.

6 문옥표 · 김광억,「종족조직과 생활문화」, 문옥표 외,『조선양반의 생활세계』, 백산서당, 2004, 90~92쪽 참조.

7 송준호, 앞의 책, 91쪽.

8   김두헌,『한국가족제도연구』, 서울대학교출판부, 1969, 86쪽.

9   김두헌, 앞의 책, 264쪽.

10 금상태,『유학사상의 이해』, 집문당, 1996, 91~92쪽.

11 금장태,『유교사상과 종교문화』, 서울대학교출판부, 225쪽.

12 금장태, 앞의 책, 227쪽.

13 금장태,『유학사상의 이해』, 집문당, 1996, 91쪽.

14 최봉영,『조선시대 유교문화』, 사계절, 1997, 165쪽.

15 최봉영, 앞의 책, 189~90쪽.

16 최봉영, 앞의 책, 166쪽.

17 문옥표,「분재기를 통해 본 여성 재산상속권의 변화」, 문옥표 외,『조선양반의 생활세계』, 백산서당, 2004, 245쪽.

18 김광억,「조상숭배와 사회조직의 원리」,『한국문화인류학』18권 0호, 1986, 112쪽.

19 Chie Nakane, Japanese Society, University of California Press, 1970, pp.88~89.

20 최봉영, 앞의 책, 110쪽.

21 송준호, 앞의 책 참조.

22 박병호,「한국가부장제의 사적 고찰」,『한국여성연구 I: 종교와 가부장제』, 청하, 1988, 153쪽.

23 송준호, 앞의 책, 487쪽.

24 이광규,『한국가족의 사적 연구』, 일지사, 1977, 237~238쪽.

25 송준호, 앞의 책, 475~506쪽 참조.

26 송준호, 앞의 책, 453~456쪽.

27 김두헌, 앞의 책, 263쪽.

28 권헌익,「분단시대의 한국친족연구」정향진 편저,『한국가족과 친족의 인류

학』, 서울대학교출판문화원, 2018, 103~124쪽 참조.

29 권헌익, 앞의 책, 108쪽.

30 박용옥, 「유교적 여성관의 재조명」, 한국여성학회편, 『한국여성연구I: 종교와 가부장제』, 청하, 1988, 19쪽.

3장 여론정치와 시민단체

1 "청와대 4년간 여론조사에 56억 써놓고 비공개"(「국민일보」, 2021.11.24.)

2 "시민단체인가 관변단체인가, 갈림길에 선 시민운동"(「프레시안」, 2021.8.16.)

3 "박원순 서울시, 시민단체에 5년간 7000억 지원"(「매일경제」, 2021.4.11.)

4 "박원순 서울시, 시민단체에 5년간 7000억 지원"(「매일경제」, 2021.4.11.)

5 에드워드 와그너, 『조선왕조사회의 성취와 귀속』, 일조각, 2007, 94쪽.

6 에드워드 와그너, 앞의 책, 99쪽.

7 에드워드 와그너, 앞의 책, 99쪽.

8 에드워드 와그너, 앞의 책, 111쪽.

9 에드워드 와그너, 앞의 책, 90쪽.

10 에드워드 와그너, 앞의 책, 122쪽.

11 사헌부와 사간원을 가리키는 말이다.

12 에드워드 와그너, 앞의 책, 122쪽.

13 에드워드 와그너, 앞의 책, 131쪽.

14 김광억, 「관계의 망과 문화공동체」, 문옥표 외, 『조선양반의 생활세계』, 백산서당, 2004, 282쪽.

15 김광억, 앞의 책, 270~281쪽 참조.

16 신령에게 사유를 고하는 제사를 말한다.

17 김광억, 앞의 책, 282쪽 참조.

18 김광억, 앞의 책, 274쪽.

19 한국민족문화대백과사전〉'영주 소수서원' 참조.

20 미야지마 히로시, 『양반』, 강, 1996, 176쪽.

21 김광억, 앞의 책, 283~293쪽 참조.

22 Gregory Henderson, Korea: the Politics of the Vortex, Harvard University Press, 1968.

23 서산문화원, 『전통어린 내고장』, 1990, 43쪽.

24 김두헌, 『한국가족제도연구』, 서울대학교출판부, 1969, 134쪽에서 재인용.

25 김광억, 앞의 책, 268~345쪽 참조.

26 James B. Palais, Politics and Policy in Traditional Korea, Harvard University Press, 1975, p.114.

27 김광억, 앞의 책, 315쪽.

28 전경목, 『우반동과 우반동 김씨의 역사』, 신아출판사, 2001, 270쪽 참조.

29 Pierre Bourdieu, Outline of Theory of Practice, Trans. by Richard Nice, Cambridge University Press. 1977[1972], pp.38-43.

30 Griffin Dix, The East Asian Country of Propriety: Confucianism in a Korean Village, Unpublished Dissert., University of California, Sandiego, 1977, p.417.

31 "400년간 '병호시비' 논란 종지부안동시, 국비·도비 등 들여 호계서원 복원"(「경북매일」, 2020.6.23.)

32 조선 후기 공론정치에 대한 논의는 김인걸, 『조선후기 공론정치의 새로운 전개』, 서울대학교출판문화원, 2017 참조.

33 Michael Breen, "In Korean democracy, the People area Wrathful God", Foreign Policy December 19, 2016.

34 Gregory Henderson, Korea: the Politics of the Vortex, Harvard University

Press, 1968, 254~256쪽 참조.

35   "[전문] 정의구현사제단 "민주주의 갈림길… 검찰개혁지지""(「CBS 노컷뉴스」
       2020.12.7.)

더 읽기

1   루스 베네딕트,『국화와 칼』, 이광규 옮김, 서울대학교출판부, 1985, 130쪽.

신양반사회

586, 그들이 말하는 정의란 무엇인가

1판 1쇄 펴냄 | 2022년 3월 4일
1판 2쇄 펴냄 | 2022년 3월 24일

지은이 | 김은희
발행인 | 김병준
편　집 | 정혜지
디자인 | 최초아
마케팅 | 정현우·차현지
발행처 | 생각의힘

등록 | 2011. 10. 27. 제406-2011-000127호
주소 | 서울시 마포구 독막로6길 11, 우대빌딩 2, 3층
전화 | 02-6925-4185(편집), 02-6925-4188(영업)
팩스 | 02-6925-4182
전자우편 | tpbook1@tpbook.co.kr
홈페이지 | www.tpbook.co.kr

ISBN 979-11-90955-52-2 03300